荣誉的至高地
伦敦大学

王子安 ◎ 主编

汕頭大學出版社

图书在版编目（CIP）数据

荣誉的至高地——伦敦大学 / 王子安主编. -- 汕头 : 汕头大学出版社，2012.4（2024.1重印）
ISBN 978-7-5658-0721-3

Ⅰ. ①荣… Ⅱ. ①王… Ⅲ. ①伦敦大学－概况 Ⅳ. ①G649.561.8

中国版本图书馆CIP数据核字(2012)第066391号

荣誉的至高地——伦敦大学

主　　编：王子安
责任编辑：胡开祥
责任技编：黄东生
封面设计：君阅天下
出版发行：汕头大学出版社
　　　　　广东省汕头市汕头大学内　邮编：515063
电　　话：0754-82904613
印　　刷：河北浩润印刷有限公司
开　　本：710mm×1000mm　1/16
印　　张：11
字　　数：80千字
版　　次：2012年4月第1版
印　　次：2024年1月第2次印刷
定　　价：50.00元
ISBN 978-7-5658-0721-3

版权所有，翻版必究
如发现印装质量问题，请与承印厂联系退换

目 录

历史回眸

伦敦变迁与伦敦大学 …………………………………… 3
印度领袖的摇篮 ………………………………………… 19

名院风采

大学学院与国王学院的辉煌 …………………………… 27
特殊关系学院的建立 …………………………………… 37

科学王国

尊重科学修正果 ………………………………………… 49
地质学成为一门科学 …………………………………… 58
电磁场理论的提出 ……………………………………… 65
五种惰性气体被发现 …………………………………… 68

走进科学的殿堂

领域精英

勇于走自己路的巴顿 …………………………………… 79
曾经没有目标的科斯 …………………………………… 89
营养学领域开拓者霍普金斯 …………………………… 100
战胜一切的犹太人卡茨 ………………………………… 106
青霉素的发现者弗莱明 ………………………………… 117

英才沃土

刘半农思想观的进步 …………………………………… 127
傅斯年的才华和友人 …………………………………… 137
文艺界的人民艺术家——老舍 ………………………… 145
"光纤之父"——高锟 ………………………………… 155
社会活动家费孝通 ……………………………………… 162
新加坡国父——李光耀 ………………………………… 166

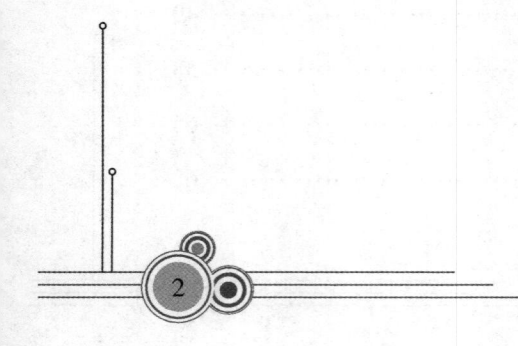

历史回眸

荣誉的至高地——伦敦大学

伦敦变迁与伦敦大学

作为一座交通枢纽和重要城市，伦敦已经有差不多两千年的历史。

历史回眸

英国伦敦泰晤士河

伦敦最早的起源在历史上并没有确切记载，不少人认为，伦敦是罗马人

走进科学的殿堂

建立的，不过考古研究显示，在罗马人到这个地方之前，这个地方已经有人类耕作、生活、埋葬死者等活动的痕迹。

到公元1世纪，罗马人在皇帝克劳迪厄斯的领导下正式在公元43年征服了这个后来成为英国的地方。他们在泰晤士河畔建筑了一个聚居点，取名为Londinium。后来，罗马人更在此修筑城墙，并且在城墙包围的地区逐步建立一个初具规模的城市。

虽然Londinium看来像是拉丁文的名字，但有学者认为，此字源于本来在这个地方生活的凯尔特人所用的语言，意思可能是荒野地方，或者河流流经的地方。不少专家也认为，其实所谓的伦敦在罗马人占据的早年并非是最重要的城市。

英国议会大楼

近年来的考古研究发现，不少罗马人抵达之前的交通路线都经过这个地方，而且在现在英国议会大楼附近的比较浅水的地方可能是古代人们度过泰晤士河的地方。因此，伦敦之所以得到重视和发展，可能是因为其地理位置。这也可以解释为何在随后的多个世纪，乃至19世纪末年和20世纪早年，伦敦仍然是一个重要的港口，是英国商品的主要集散地。

在罗马人建城后，伦敦这个地方陆续成为联络欧洲大陆的跳板，当时的伦敦城只有一平方英里大，地点就是现在的金融区伦敦城。这个城的城墙仍有部分保存下来，可以在现在的伦敦塔北面等地看到。此外，一所罗马人供奉神祇Mithras的庙宇的残余部分也在圣保罗大教堂附近的地方保存了下来。

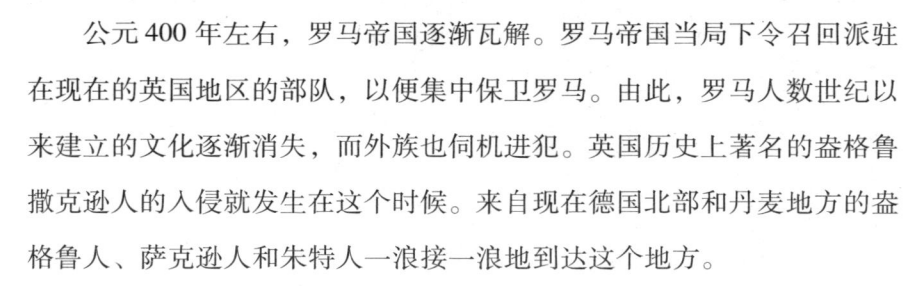

公元400年左右，罗马帝国逐渐瓦解。罗马帝国当局下令召回派驻在现在的英国地区的部队，以便集中保卫罗马。由此，罗马人数世纪以来建立的文化逐渐消失，而外族也伺机进犯。英国历史上著名的盎格鲁撒克逊人的入侵就发生在这个时候。来自现在德国北部和丹麦地方的盎格鲁人、萨克逊人和朱特人一浪接一浪地到达这个地方。

到了公元600年左右，不少盎格鲁撒克逊人已经在现在的伦敦定居生活。伦敦市内目前有不少看似非常奇怪的地名就是源自盎格鲁撒克逊人时代的，例如BBC国际广播部所在的地点称为Aldwych。这个名字的根源是盎格鲁撒克逊人的ealdwic，意思是"old ettlement"（古老的聚居地）。

继盎格鲁撒克逊人之后，在英国历史上留下深深印记的是来自法国西北部的诺曼人。他们的领袖威廉声称因血缘关系有权继承盎格鲁撒克

走进科学的殿堂

逊人帝王爱德华的王位而大举发动进攻。在公元1066年，威廉军事行动成功，成为英格兰的君主威廉一世，号称"征服者威廉"。

在这个时候，虽然英格兰的首都设于伦敦西南部的温切斯特，但是威廉为了巩固自己的地位也在伦敦东部修筑了坚固的伦敦塔，以防御反抗者的进犯，也作为宣示自己权威的一种手段。

英国温切斯特

在诺曼人的统治下，伦敦终于在公元12世纪成为了英格兰的首都。学者一般认为，在诺曼人的统治开始之后，英国步入了所谓的"中古时代"。这段时期的特点包括王权逐步的巩固以及基督教会的权力的扩大。伦敦也在这个时候逐渐发展，演变成为现在的两个城合组为

一个伦敦市的模式。东面，在古罗马人的古伦敦城的基础上建立起新的伦敦城，这个地方后来发展成为现在的伦敦金融城。西面，西敏寺城成为了王室和政府的所在地。

在这个时期，王室陆续在伦敦建筑王宫，而教会也修建了不少教堂和修道院。伦敦城方面，其市长的权力也越来越稳固，商业发展迅速。伦敦不少著名建筑物的前身就是在这个时期兴建的，其中包括著名的伦敦桥。它是在公元1176年开始建筑，到1209年完工，其后屡经拆建。

圣保罗大教堂

王宫方面，著名的西敏寺宫就是在这个时期建造的，后来由于大

走进科学的殿堂

火，王宫大部分建筑被毁。现在的英国议会就是建筑在西敏寺宫的遗址上的，古代的王宫只余下现在仍可见到的西敏寺大堂以及在议会大楼对面，西敏寺旁边的珠宝塔。

教会在这个时候的发展也留下了足迹。在这个时代兴建的著名教堂有前身为修道院的西敏寺、圣保罗大教堂、圣巴塞洛缪等。此外，不少修道院也在这个时期建筑起来，其中著名的例子是加图先修会的切特豪斯修院。

伦敦在第14到17世纪之间和欧洲大陆一样的受到瘟疫的侵袭。据估计，只有三分之二的人口存活。

公元1666年9月2日，著名的伦敦大火一发不可收拾。这次据称是人为错误造成的大火几乎烧掉了伦敦的全部建筑，但是都市建设却因此有机会重新开始。

圣保罗大教堂

荣誉的至高地——伦敦大学

　　二次世界大战期间，纳粹德国空军猛烈轰炸伦敦，东部船坞地区受损最为严重。伦敦在第18和19世纪急速发展，随着工业革命和商业繁荣，伦敦的人口也不断增加。大英帝国的发展为英国带来了庞大的商机，为了方便产品的输出以及所需的原料和外来产品的入口，伦敦东部陆续修建了多个大型的船坞，航运业蓬勃发展。到了20世纪初，伦敦人口已经有660万，是全世界最大的都市，现在伦敦仍然是欧洲最大都市，人口有1,200万。

　　在20世纪爆发的两次大战为伦敦造成了严重的破坏，其中在第二次世界大战期间伦敦受到的部分破坏在今天仍然可以看到。在二战初期，纳粹德国空军飞机对包括伦敦在内的英国城市进行了密集轰炸，造成了财产和人命方面的严重损失。就伦敦而言，该市东部地区受破坏最为严重，部分原因是因为当地为船坞区，是伦敦其中一条物资供应线的开端。不少在伦敦居住的人被迫疏散到英国其他地方。

　　在德国空军的轰炸下，估计有大约35,000名伦敦市民丧生，大约50,000人受重伤，受损或被摧毁的建筑物数以万计，其中包括圣保罗大教堂、伦敦金融城内的多家教堂。

　　虽然在大战之后修复工作不断进行，但是，到今日仍然可以看到不少战争破坏留下的痕迹。即便如此，不少新的建筑物也在废墟之中兴建起来。款式新颖的建筑夹杂在古旧的房屋之中，也为伦敦的市容增添了一些有趣的地方。

　　伦敦作为英国的首都，是一座国际大都市。伦敦历史名胜众多，又是一个现代化的大城市，城市交通方便，伦敦地铁是世界上最古老的地铁。伦敦的风情多种多样，很难描述得完整，伦敦除了你所想象的到以

历史回眸

9

走进科学的殿堂

外,它总会给你意外的惊喜。

伦敦除了商业活动繁荣之外,伦敦也是一个历史渊源深远的城市,而且也是不同文化聚会的地方。除了传统的英国文化外,欧、美、亚、非等大洲的文化也在这里留下了印记。不少来自中东、南亚和东南亚等地的人也在这个大都市定居、工作,让这个城市平添了不少异地色彩。

虽然"伦敦"这个名字大家已经耳熟能详,但是,究竟这个称呼所代表的是那一个地区,不同的人有不同的说法。这个方圆1,500平方公里的城市是全欧洲最繁荣的商业城市之一。

不过,总的来说,如果大家谈到的是"大伦敦"地区(Greater

历史回眸

泰晤士河夜景

London），所指的就是包括32个伦敦地方行政区以及伦敦金融城在内的一大片地区，总面积约为1500平方公里，约莫就是M25环城公路所包围的地区。

当然，狭义来说，"伦敦"两字所指的就是这个城市的中心地区，所包括的就是伦敦金融城和西敏寺城这两个部分。

伦敦位于英格兰东南部的平原上，跨泰晤士河，距离泰晤士河入海口88公里。早在3000多年前，伦敦地区就是当时英国人居住的地方。公元前54年，罗马帝国入侵大不列颠岛。公元前43年，这里曾是罗马人的主要兵站并修建了第一座横跨泰晤士河的木桥，当时伦敦被称为"伦底纽姆"。

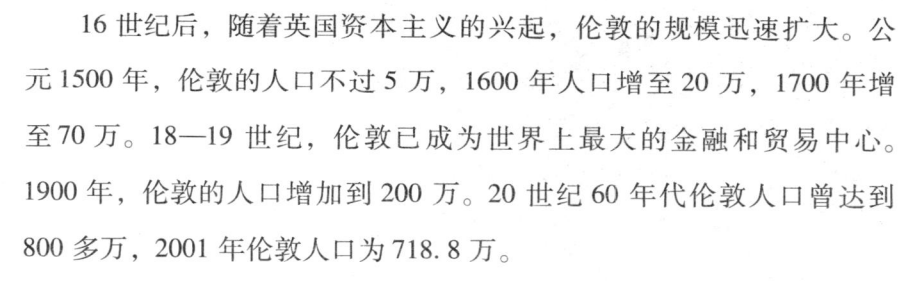

16世纪后，随着英国资本主义的兴起，伦敦的规模迅速扩大。公元1500年，伦敦的人口不过5万，1600年人口增至20万，1700年增至70万。18—19世纪，伦敦已成为世界上最大的金融和贸易中心。1900年，伦敦的人口增加到200万。20世纪60年代伦敦人口曾达到800多万，2001年伦敦人口为718.8万。

伦敦的行政区划分为伦敦城和32个市区，伦敦城外的12个市区称为内伦敦，其他20个市区称为外伦敦，伦敦城、内伦敦、外伦敦构成大伦敦市。大伦敦市又可分为伦敦城、西伦敦、东伦敦、南区和港口。伦敦城是金融资本和贸易中心，西伦敦是英国王宫、首相官邸、议会和政府各部所在地，东伦敦是工业区和工人住宅区，南区是工商业和住宅混合区，港口指伦敦塔桥至泰晤士河河口之间的地区。整个大伦敦市面积为1580平方公里。伦敦受北大西洋暖流和西风影响，属温带海洋性气候，四季温差小，夏季凉爽，冬季温暖，空气湿润，多雨雾，秋冬尤

走进科学的殿堂

甚。平均气温1月为4.5℃，7月为18℃，年降水量为1100毫米左右。

伦敦是全国的政治中心，是英国王室、政府、议会以及各政党总部的所在地。威斯敏斯特宫是英国议会上、下两院的活动场所，故又称为议会大厅。议会广场南边的威斯敏斯特大教堂，1065年建成后一直是英国国王或女王加冕及王室成员举行婚礼的地方。内有20多个英国国王，著名政治家、军事家以及牛顿、达尔文、狄更斯、哈代等科学家、文学家和艺术家的墓地都在这里。

白金汉宫是英国王宫，坐落在西伦敦的中心区域，东接圣詹姆斯公园，西接海德公园，是英国王室成员生活和工作的地方，也是英国重大国事活动的场所。

白厅是英国政府机关所在地，首相办公室、枢密院、内政部、外交部、财政部、国防部等主要政府机构都设在这里。白厅的核心是设在唐宁街10号的首相府，它是英国历代首相的官邸。

威斯敏斯特宫

伦敦不仅是英国的政治中心，还是许多国际组织总部的所在地，其

中包括国际海事组织、国际合作社联盟、国际笔会、国际妇女同盟、社会党国际、大赦国际等。

伦敦东部码头区新建的金融中心伦敦城，是大伦敦市 33 个行政区中最小的一个，面积只有 1.6 平方公里。它拥有自己的政府、市长和警察部队，不受大伦敦市议会管辖。伦敦城是英国的金融和商业中心，也是世界上最大的金融和贸易中心之一。伦敦城共有 500 多家银行（至 1991 年），银行数居世界大城市之首，其中外国银行有 470 家，在伦敦拥有的资本总额达 1000 多亿英镑。伦敦城每年外汇成交总额约 3 万亿英镑，是世界最大的国际外汇市场。伦敦城还是世界上最大的欧洲美元

伦敦金融城

市场，石油输出国的石油收入成交额有时一天可达500多亿美元，伦敦的马克思墓占全世界欧洲美元成交额的1/3以上。英国中央银行、英格兰银行以及13家清算银行和60多家商业银行也均设在这里。清算银行中最有名的是巴克莱、劳埃德、米德兰和国民威斯敏斯特四大清算银行。

伦敦城是世界上最大的国际保险中心，共有保险公司800多家，其中170多家是外国保险公司的分支机构。在伦敦保险业中，历史悠久，资金雄厚，信誉最高的是劳埃德保险行。

伦敦城中的伦敦股票交易所为世界4大股票交易所之一。此外，伦

伦敦大学

敦城还有众多的商品交易所，从事黄金、白银、有色金属、羊毛、橡胶、咖啡、可可、棉花、油料、木材、食糖、茶叶和古玩等贵重或大宗的世界性商品买卖。

伦敦是世界文化名城。大英博物馆建于18世纪，是世界上最大的博物馆，集中了英国和世界各国许多的古代文物。博物馆内的埃及文物馆陈列着7万多件古埃及的各种文物；希腊和罗马文物馆陈列着各种精美的铜器、陶器、瓷器、金币、绘画以及许多古希腊、古罗马的大型石雕；东方文物馆陈列有大量来自中亚、南亚次大陆、东南亚和远东的文物。馆内还有西亚文物馆、英国文物馆、金币徽章馆、图书绘画馆等。除大英博物馆外，伦敦还有著名的科学博物馆、国家画廊等文化设施。伦敦大学、皇家舞蹈学校、皇家音乐学院、皇家艺术学院和帝国理工学院等是英国的著名院校。伦敦大学成立于1836年，现设有60多个学院。伦敦大学以医科闻名，英国每3名医生中，就有一名毕业于此。

伦敦城的舰队街，是英国报业的集中地，著名的报刊有《泰晤士报》、《金融时报》、《每日电讯报》、《卫报》、《观察家报》、《周刊》等。英国广播公司（BBC）和路透社也设于此。

伦敦是一座弛名世界的旅游城市，有许多世界著名的文物古迹。伦敦城东南角的塔山上，建有伦敦塔，该塔曾用作军事要塞、王宫、监狱、档案室，现在是王冠和武器的展览处，藏有维多利亚女王加冕时戴的镶有3000颗宝石的王冠和伊丽莎白二世加冕时戴的镶有重达109克拉大钻石"非洲之星"的王冠。威斯敏斯特宫坐落在泰晤士河的西岸，建于公元750年，占地8英亩，是世界上最大的哥特式建筑。它古时是国王的宫殿，现为英国议会所在地。宫殿西南角的维多利亚塔，高100

米，全石结构，用来存放议会的文件档案，塔楼下面的自家大门只供英王使用。宫殿东北角是高达97米的钟楼，钟楼上著名的"大本钟"重21吨，表盘直径7米，钟摆重达305公斤。海德公园是伦敦的名胜之一，坐落在伦敦市区的西部，占地636英亩，是市区最大的公园。公园

格林尼治天文台

内有著名的"演讲者之角"又称"自由论坛"。每到周末，几乎整天有人来这里演讲，除不准攻击女王和宣传暴力革命外，演讲内容不受限制。

　　伦敦公共图书馆，不花分文坐拥书城在离伦敦城8公里的泰晤士河畔。世界著名的格林尼治山，过去皇家天文台曾设于此。格林尼治设有地球经度的起点线，以此为起点，计算地理上的经度。伦敦其他著名的

旅游点还有伦敦动物园、皇家植物园、特拉法加广场、牛津街、摄政街、蜡像博物馆等。

1836年，两个在伦敦的大学联合组成了伦敦大学。伦敦大学是英国第二批建立的大学，是英国最古老的大学之一。在漫长的发展过程中，伦敦大学一直是世界著名的学术界的佼佼者。发展到今天的伦敦大学是拥有40多所大学的联体大学，是英国规模最大的大学。学校的图书馆，电脑设施完备。其中大学国会图书馆有藏书2百万册，5500种期刊。

伦敦大学是一个行政上的观念，联盟里各个大学几乎是拥有自制权的独立大学，大部分的大学位于鲁兹伯里中心附近。鲁兹伯里虽然地处大都市中心，但是环境优美安静，学生们既可以享受安静优雅的学习环境，又可以体会国际大都会的风情。

伦敦大学提供900多种学士学位课程即本科课程，400多种学士学位以上的课程即研究生、硕士、博士等等。无论你想学习任科目，在伦敦大学都可以找得到。

英国伦敦大学是英国历史最为悠久的大学之一，由40多所不同学院和研究院、所联合而成的综合大学，是英国办学规模最大、学科设置最全的综合大学。20世纪60年代，随着英国高等教育的迅速发展，伦敦大学的规模也急剧扩大，10万多名学生在各个学院学习。

伦敦大学因其高质量的教学与研究水准而享誉全球。最近的一份对英国雇主的调查结果显示，伦敦大学的学位是他们前三位的选择。其中，里德学院（开设伦敦大学多数的理科课程）和伦敦经济学与政治科学学院被雇主列为商科类学院的首选对象。

走进科学的殿堂

目前伦敦大学每年有 26000 名校外生在世界各地修读第一学位、研究生文凭、硕士和更高等级的学位。校内生必须在大学的某个学院或机

伦敦大学

构按规定进行常规的学习，而校外生则可以在世界上任何地方进行学习，并自行决定他们准备考试的方式。大学强调对校内生和校外生采取同样的学位授予标准，他们之间唯一不同的只是备考的方式。

伦敦大学是第一所通过远程授予学位的大学，学生可在 159 个不同国家学习，无论以何种方式在何地修读学位，学生获得的学位完全一样。

荣誉的至高地——伦敦大学

印度领袖的摇篮

伦敦大学是印度领袖的摇篮，培养了印度民族独立运动的政治领袖、杰出的思想家，被尊称为"圣雄"的莫汉达斯·卡拉姆昌德·甘地。

甘地1869年10月2日出生于印度西部卡提阿瓦半岛的波尔班达尔城。1888年9月，甘地只身赴英深造。在英国，要取到学位必先取得英国大学的入学资格。甘地首选的大学是闻名于世的牛津大学与剑桥大学，然而这两所大学所需费用之高昂令他望而却步，最后他选择了入学考试难度较大却费用相对低廉的伦敦大学。为准备入学考试，甘地开始进军拉丁文和法文，参加了一个私人开设的大学预备班。由于

甘　地

历史回眸

走进科学的殿堂

时间紧迫，甘地单独租了一处住所。他深居简出，节衣缩食，废寝忘食地苦干了半年。虽然第一次考试未能通过，他却并不气馁，反而以加倍的克勤克俭迎接第二次考试。功夫不负有心人，他终于如愿以偿，成为伦敦大学的一名学生，攻读法律。甘地在学习期间非常刻苦，他不仅读遍所有的课本，还特别深入细致地攻读了拉丁文的《罗马法》。他花了9个月读完了英国的普通法，如布罗姆所著的长篇巨著《普通法》、斯尼尔的精深难懂的《平衡法》、怀特和提德尔的《重要案例》、威廉士与爱德华合著的《不动产》，以及古德维著的《动产》，从而获得了较为丰富扎实的专业知识。

历史回眸

甘　地

荣誉的至高地——伦敦大学

除阅读专业书籍外，他还广泛涉猎各种宗教书籍。在伦敦的第二年末，甘地开始阅读英译本的印度圣诗《纪达圣歌》。书中一些充满哲理的论断引起了甘地的强烈共鸣："人如果注意感官之物，那就将受它的诱惑，诱惑生爱好，爱好生欲火，欲火置一切于不顾。藩篱既破，浩气无存，终至精神丧失，身心同归于尽。"甘地认为这些书就像无价之宝，是人们认识真理的至上佳作。此外，他还读到《亚洲之光》、《通神学入门》，并初次接触《圣经》。他对《旧约》兴趣不大，对《新约》却爱不释手，其中《登山宝训》中所说"不要与恶人作对。有人打你的右脸，连左脸也转过来由他打；如果有人拿你的内衣，你就连外衣也让他拿去"，对甘地颇有影响。他还试图把《纪达圣歌》、《亚洲之光》和《登山宝训》里的教训贯穿起来进行领悟。他读过卡莱尔的《英雄与英雄崇拜》，对先知的伟大、勇敢与严肃的生活激动不已。所有这些，对甘地后来人生观的形成产生了很大影响。

甘地曾对母亲立下誓言不近女色，在这一点上他同样经受着严峻考验。当时到英国留学的印度学生不多，未婚的更少，但大家多以单身汉自居。这些人或许是对自己童婚的历史羞于启齿，或许是担心道出真情会不利于同自己寄居的那个社会的年轻姑娘们幽会，反正很多印度青年实际上过着一种很不真实的生活。受此感染，此时已是有妇之夫而且做了父亲的甘地一度也冒充起单身汉来。甘地生性羞怯，不善交际，可偏偏也能得到一些年轻女子的喜爱，最后甘地不得不如实告知真相以求解脱。

1890年，甘地留英的最后一年，一件意外遭遇几乎使他误入歧途。那年在朴茨茅斯举行了一次素食者会议，甘地和另一位印度朋友得到邀

走进科学的殿堂

请。朴茨茅斯是个海港，住有很多海军人员，一些不三不四的女人也看好那块地方。甘地和他的同伴下榻的房东就是那样一个女人，他们晚上开完会后回到寓所，常在一起玩牌。按规矩女主人也得参加，相互之间开些无伤大雅的玩笑也属正常。可甘地的同伴却是一个精于同女人打情骂俏的角色，一开始甘地也参与了这场危险的游戏，而且越来越魂不守舍，不由自主。最后他猛然想起了自己在母亲面前立下的誓言，当即从现场"狼狈地、颤抖地、心慌意乱地逃回了自己的房间，像一只被追逐的动物逃脱了他的追逐者"。经过一夜的激烈思想斗争，第二天他便一个人离开了这块是非之地。甘地认为他能在关键时刻逃离堕落，是因为他当时好像是得到了神的启示，是他对神祈祷、膜拜的结果。

英国朴茨茅斯港

1891年6月10日，甘地完成了伦敦大学学业，并通过考试获得律师资格。1893 至 1915 年间，甘地在南非开展反对种族歧视的斗争。在此期间，他研读了《圣经》和《可兰经》，结合印度教的教义，形成了非暴力思想，并付诸实践。1915 年，甘地回到印度，开始为印度的独立、自治而斗争。由于他的非暴力思想为人们普遍所接受，他成为印度国大党和反英运动的实际领袖。

第一次世界大战中，甘地支持英国。1919 年英国殖民当局制造了"阿姆利则惨案"，甘地开始放弃与英国合作的信念，提出对英国采取"不合作运动"。"不合作运动"号召人们辞去殖民政府公职和爵位，不接受英国教育，抵制英货，使用土布，开展手纺车运动和抗税运动。他本人身体力行，每天坚持用半小时时间纺线织布。1922 年发生乔里乔拉事件，他认为运动超出非暴力的范围，于是停止了第一次非暴力不合作运动。1930 年，针对英国对印度人民要求自治所持的顽固态度，他再次发起不合作运动，率领广大民众发起"食盐进军"，抗议殖民政府的食盐专卖，但一些地方的运动也超出了非暴力的范围。

甘　地

1934 年 4 月，甘地决定停止第二次非暴力不合作运动。10 月，因与国大党其他领导人存在意见分歧退出国大党，从事乡村建设工作。第

走进科学的殿堂

二次世界大战期间，甘地支持英国作战，并为战后英国退出印度而斗争。二战结束后，英国推出印巴分治的"蒙巴顿方案"，印度各地不断发生穆斯林和印度教徒的大规模流血仇杀。为了维护两大宗教的团结，他奔走于各地调解印度教徒与伊斯兰教徒的关系，但印度分裂已无法挽回。印、巴分治后，他继续为平息印度教徒和伊斯兰教徒之间的冲突而努力，但也引起了印度教中一些极端分子的不满。1948年1月30日，甘地被一个狂热的印度教徒枪杀。

历史回眸

名院风采

大学学院与国王学院的辉煌

19世纪以前英国的大学数量还很有限,当时宗教对社会各个方面

伦敦大学国王学院

都产生着很大的影响。1827年,在诗人托马斯·坎贝尔的呼吁下,打

走进科学的殿堂

破宗教信仰的伦敦大学学院成立了，但是也未能获取皇家办学特许状。1831年，伦敦大学国王学院诞生，其是由英国教会在伦敦建立的，但因为不信教人士的反对也未获取皇家办学特许状，这显露了当时社会的矛盾与派别的冲突。

伦敦大学的从无到有，建立的一切必需，都凝聚了建校先驱人物坎贝尔、布洛姆、哥德斯密等人的辛勤与努力。

坎贝尔（1777—1844年），苏格兰人，英国著名诗人。1820年访问德国波恩大学时萌发在英国首都创办伦敦大学的设想。1825年，坎贝尔发表致国会议员布洛姆的公开信建议"创办一所大学"，有效地、多方面地为中产阶级和这个"世界工场"的发展服务。

布洛姆（1778—1868年），苏格兰人，毕业于爱丁堡大学，1810年任英国国会议员，建议进行司法改革，废除奴隶制。他热心教育事业，支持伯克贝克于1823年创办伦敦工人讲习所（1907年改为伯克贝克学院，1920年初被承认为伦敦大学的一所学院）。布洛姆对坎贝尔的建议十分重视，并给予了极大的支持。

当坎贝尔和布洛姆开始筹办伦敦大学之初，英国只有两所著名的中世纪大学，一是牛津，一是剑桥。但是牛津和剑桥有自己的"门槛"，并非对所有人开放。进牛津或剑桥深造的学生必须是英国圣公会的成员，所有不信奉英国国教的新教教徒、天主教徒和犹太人，都被排除在外，这样就造成了一部分想接受高等教育的人失去了机会。19世纪上半叶，如火如荼的英国工业革命正在成长着，工业革命对英国的影响是巨大和深远的，必须有一个扩大的高等教育系统与之相匹配。伦敦大学的建立，适应了当时的社会形势，并在一定程度上缓解了社会上的教育

荣誉的至高地——伦敦大学

窘况，避免了因受教育不平等加深的宗教等矛盾。筹建中的伦敦大学，对被排除在外的新的社会集团，具有强大的吸引力。一些因"门槛"问题没能接受高等教育的人们，看到了希望，他们热情地欢迎和期待伦敦大学的建立。

牛津大学

哥德斯密（1778—1859年），英国犹太男爵，百万富翁，金融家。他在财源上保证坎贝尔和布洛姆联合起来创办伦敦大学。伦敦的犹太人社会给伦敦大学以巨大的财力支持，他们为伦敦大学的建立作出了举足轻重的贡献。这在一定程度上，也让人们看到全世界种族之间应该平等。

在1825年至1826年间，布洛姆安排了多次公开的和私下的会议，

走进科学的殿堂

重点都是讨论建校的资金等繁琐问题。1826年签订了一份详尽的财产授予契约，作出一个大胆的决定，通过出售每股100英镑的股票，筹集总数达15万英镑至30万英镑的资金。从集体股东中选28人组成校务委员会，全权负责伦敦大学财产、聘任教授和管理学生等事宜。

新建立的伦敦大学对宗教与教育之间的关系进行了规定。伦敦大学的根本原则是任何宗教既不成为学生入学的条件，也不是教学的科目。作为一个推论，委员会不接受任何一个宗教牧师成为校务委员会的成员。1825年，为争取时间，筹集工作积极进行。三位最富裕的创办人以30000英镑买下伦敦市中心布洛姆斯勃利约8英亩土地来作校址。从个人力量办学来讲，伦敦大学已经远远超出了牛津和剑桥。

剑桥大学

荣誉的至高地——伦敦大学

伦敦大学作为具有巨大影响力和独特办学原则的高等学府，必将受到统治阶级和人民大众的瞩目和关爱。1827年4月，英王乔治三世的第六位王子、德国格廷根大学校友奥古斯特斯·弗雷德里克·苏萨克斯公爵为伦敦大学奠基，为伦敦大学增添了辉煌色彩。1828年，发展成为今天世界著名学府的伦敦大学，又称伦敦大学学院正式开学了。

伦敦大学学院是19世纪初自由主义运动的产物，也是伦敦大学数十所学院中建校历史最长、规模最大的学院（有学生8000多人）。

建校伊始，它就将校门向全社会敞开，不分其阶级、宗教、种族和性别，这种打破当时流行于牛津大学和剑桥大学的学术传统的胆略，对国内外的高等教育都有较大的影响。大学学院下设7个系（艺术系、法律系、自然科学系、工程学系、环境研究系、医学科学系和临床科学系），74个教学与临床研究室和5个学校（美术学校，牙科学校，图书馆、档案、信息研究学校，建筑与规划学校和米德尔塞克斯医学校），其中工程系是英国最早的系科。大学学院可授予学士、硕士和博士学位，同时开展博士后研究工作。

伦敦大学在不断的发展和进步中，不仅在英国国内树立了形象和起到了重要的作用，而且还吸引了我国的莘莘学子不远万里

刘半农

求学。现代诗人、语言学家刘半农曾就读于伦敦大学。1918年，北大

名院风采

走进科学的殿堂

保送刘半农到英国留学,想让他补上大学教育。刘半农在伦敦大学学院语言学系就读,进了语音实验室,学习各种实验方式、仪器设备。

就在布洛姆等人在戈瓦街建成伦敦大学之际,教会人士对新成立的伦敦大学不设教堂、不进行宗教教学予以抨击、谴责,并提出应该在伦敦另建一所学院的问题。与此同时,教会人士在幕后进行紧张活动。1828年2月,他们以信徒陶伊利为笔名,以伦敦大学问题为题,致函内政大臣皮尔,认为反对新大学影响的唯一办法是在伦敦建立第二所大学。在这所大学里,"按照英国本国规定的更为正确的形式,以基督教原则灌输青年心灵,将是所传授的教育的主要部分;同时,在这所大学里,宗教仪式应按我们国教的指示进行"。

由于陶伊利的信,结果发起了根据明确的英国国教的原则创办新的"国王学院"的计划。这个计划得到肯特伯雷大主教塞顿的支持,他和皮尔一起说服当时的首相威林顿公爵支持这个计划。1828年6月底,教会人士的活动有了回报,政府允许根据基督教和宪法原则创办一所大都会学校,命名"伦敦国王学院"。

经过三年多筹建之后,伦敦国王学院于1831年10月8日举行开学典礼。新成立的伦敦大学理事会负责大学的整个管理工作,监督大学的事务和资产,决定大学的政策,制定必要的规章和条例。但批准的权力由政府牢固地掌握着,所有规章、条例首先呈报国务大臣,由国务大臣批准和签署。尽管理事会成员中大部分是剑桥大学毕业,但是理事会首次会议后,他们着手研究德国、法国的大学教育,而不以牛津、剑桥为伦敦大学的办学模式。同时,客观地讲,新成立的伦敦大学,实际上是个考试机构,因此理事会的一个重要工作便是制定考试计划。理事会决

定，在学位考试之前，必须进行入学考试。考生必须通过四门科目的考试，即古典语、数学、自然哲学和化学，植物或动物学任选一门。理事会成员担任主考。

伦敦大学的考试是分批分期进行的，还比较严格。1838年11月伦敦大学举行了第一次考试，考生一共有23人，其中22人顺利通过，并有资格参加学位考试。1839年5月举行第一次文学士学位考试，考生共7人，全部通过。法学士、医学士和医学博士1839年下半年举行考试，14人获得学位。第一次文硕士考试于1840年举行，第一次法学博士考试于1843年举行。

1858年，英政府给伦敦大学第三个特许状，其中关于学位考试的办法进行了重要变动。1836年的第一个特许状，规定参加学位考试的考生，应有伦敦大学学院、国王学院及首都其他地方经过批准的伦敦大学的附属学院，读完规定的课程的证书。1858年的特许状对此作了重要修改，有关考生必须有在一所附属院校读完规定课程的证书，除对医学学位考试仍按规定执行外，其他考试废止，所有考试对大家开放。

伦敦大学校徽

与此同时，伦敦大学也对学位条例和入条考试条例进行了重要修改。其中文学士学位考试分为两部分。第一部分，在通过入学考试以后

走进科学的殿堂

至多一年时间内举行,要求能过四场考试:拉丁文和罗马史,英语、文学和历史,数学,法语或德语,至少一年后进行第二次考试。通过五场考试:古典语、希腊史、自然哲学、生物生理、逻辑学和精神及道德哲学。第二部分,第二次考试通过后参加"荣誉"考试(可获得奖赏和为期3年的每年50英镑的奖学金)。文学士学位考试向大家开放,每一部分交纳考试费5英镑。

此外,伦敦大学入学考试的条例也作了修改。大学入学考试每年两次,分别在一月和七月举行。考生应经过五场考试:古典语、英语、英国史和近代地理、数学和自然哲学、化学、法语或德语。考试时间比较

名院风采

伦敦大学风景

长，共需28小时，分5天进行。通过考试的考生可参加数学和自然哲学、化学、法语或德语的荣誉考试（可得为期两年，每年30英镑的奖学金）。1861年以后，单独的荣誉考试废止，文学士第一部分考试获2800分中的1600分以上的，授以荣誉证书。由于考试非常严格，以致于参加入学考试的考生几乎半数不及格。

伦敦大学作为一所全国性的大学，它的附属学院遍及全国各地，并且不需要亲自建立下属的分支机构。

贝德福德学院（英国第一所允许女子获得学位的学校）、伦敦经济学与政治科学学院、伦敦医院、米德尔斯医院和圣乔治医院的附属学院首先声明隶属于伦敦大学，攻读伦敦大学的学位。1840年英格兰、苏格兰、爱尔兰有36所医学院与伦敦大学建立联系。到1853年伦敦大学医科院校达68所，非医科院校包括伦敦大学学院和国王学院在内共有32所。因此，在一定意义上，完全可以说，伦敦大学的毕业生，代表着100所院校的精英。

19世纪上半叶，英国处于"铁路时期"。伦敦

曼彻斯特帝国战争博物馆

走进科学的殿堂

伯明翰铁路、大西方铁路和大联轨点铁路等沿线城市的许多院校，都成为伦敦大学的附属院校。北自纽卡塞尔，向南沿铁路线的达勒姆、约克、利兹、赫尔、谢费尔德、曼彻斯特、利物浦、伯明翰，以及至布里斯托尔都有医科学校隶属伦敦大学。非医科学校的如达勒姆的斯伯特学院，兰开厦的斯东赫斯特学院，曼彻斯特的新学院，伯明翰的斯普林希尔学院，布里斯托的浸礼会学院等等，也都攻读伦敦大学的学位。

1850年伦敦大学获得一个补充特许状，允许英帝国所有领地的院校学生都可以应考伦敦大学的学位。1856年，伦敦大学接受英帝国领地学生入学考试和文学士学位考试，首先在毛里求斯举行，由英帝国殖民地办公室把考卷送交毛里求斯总督保管，由毛里求斯主教牧师任副主考。1866年，直布罗陀采取同样形式进行考试。从此，伦敦大学不仅成为英国本土的大学，而且成为英帝国的大学。

荣誉的至高地——伦敦大学

特殊关系学院的建立

20世纪中叶，英国拥有自己的殖民地，为了对殖民地的人进行教

香港大学一景

育达到思想上的控制，1943年，英国教育部提出了战后教育改革白皮

名院风采

书。同年七月，成立殖民地高等教育委员会，殖民地的未来教育提到议事日程。

印度第一所大学建立于19世纪中期，东印度公司要求印度人接受西方教育。伦敦大学成为印度政府取法的模式，大学由政府控制，而政府不要花很多钱。但是，印度政府只取法伦敦的外表形式，而没有取法伦敦学位的标准，结果还是失败。

殖民帝国只有三所大学。其中欧洲有一所即皇家马耳他大学，亚洲有两所，即香港大学，建立于1911年，战时停办，校舍被日军战领；锡兰大学，经过21年大学学院时期，于1942年正式称大学。

现在，在马耳他大学人们还可以攻读伦敦大学学位；每年赴香港大学学习的人络绎不绝，这与保留下来的英国人的严谨风格和传统有关。并且，伦敦大学与香港大学在教育的许多方面都保持着联系，锡兰大学经过历史变迁，也拥有了今天的辉煌。

在广袤的非洲大陆，西非海岸的部分地区在19世纪就被英国控制。基督教教会传教士于1818年在塞拉利昂创办一所神学院，1848年迁至福拉湾。1843年在福里登创办一所文法学校，为神学院提供少量生源。这所学院得到达勒姆大学的帮助，于1876年和西印度群岛巴巴多斯英国国教的科德林顿学院同时成为达勒姆大学的附属学院，为西非和西印度群岛的高等教育提供了很简单的开端。

达勒姆大学成立于1832年，是在英国排名第三的最古老的大学。该大学原来一直在达勒姆市和纽卡斯尔市发展，直到1963年，泰恩河畔的纽卡斯尔大学单独成立。达勒姆大学是一所学院制大学，位于达勒姆市区以及斯托克顿附近的一个小城镇里。其各学院不是单纯的教育实

荣誉的至高地——伦敦大学

体，也不是单纯提供住宿的场所。他们为学生提供的是一个运动，交际和适合于居住的活动中心。达勒姆大学、皇后学院、斯托克顿学院开放于1992年，现有全日制学生1,200多名，在位于蒂斯河岸，达勒姆市以南23英里的校园内学习。学校本着扩大招生的原则，发展了大量以职业培训为导向的内部培训课程。

达勒姆市

1924年，苏丹向殖民地教育咨询委员会建议，把乌干达一所技术学校马凯雷学院改为整个东非的一所比较高级的训练学院，为各地长官、教师和高层职干的子弟设置医学、农业和兽医学以及文科的预备课程，为他们提供职业训练。四年后，伦敦大学同意工程学士学位可以采

走进科学的殿堂

取伦敦大学派视察员和当地教师主持考试的办法，向该学院的学生授予相应的学位。文学部、理学部和经济学只限于文学士和理学士学位的中期考试。

尼日利亚于本世纪初由英国统治，殖民当局很快发现他们的各种事业需要本地职员。于是，1930年在拉各斯创办一所医学院，1934年创办亚巴高级学院，训练教师和政府中农、林、测量、医和兽医方面的人员。亚巴高级学院的学生学习文、理预备课程两年，除培养为教师的人以外，其余学生到政府部门举办的各种训练班学习两年，这两年的课程适合尼日利亚的环境，成绩合格，授予毕业文凭。但是，其中有部分学生参加伦敦大学文学士和理学士的校外中期考试。学校当局把他们的文、理、预备课程接近伦敦大学文、理学士中期考试的课程。

巴哈马群岛风光

荣誉的至高地——伦敦大学

非洲发展高等教育的运动，在西印度群岛引起反响。1926年英属圭亚那、洪都拉斯、巴哈马群岛、百慕大和英属西印度群岛设立的常设会议的议程之一，就是创办一所大学。牙买加和特立达尼的立法会议于1927年和1928年通过决议，表示愿意合作，决定在1929年第一届西印度群岛会议上一致通过，1943年，同意创办一所大学，决定扩充科德林顿学院的课程。

1943年8月，英国殖民部任命一个委员会，研究指导推进殖民地高等教育、学习和科研以及发展大学的原则，并探索联合王国的大学和其他各团体，与殖民地的高等教育机构合作以便实现这些原则的方法。

经过两年的调查和研究，该委员会于1945年6月正式宣布殖民地学院与伦敦大学将建立

苏丹喀土穆

名院风采

新型关系。殖民地创办大学的工作从此开始。

从1964年至1970年，伦敦大学和非洲七所、加勒比海一所学院建立了特殊关系。八所学院是伦敦大学的伙伴，它们完全独立自主。伦敦大学给予他们的教师以伦敦大学各学院和研究所的教师所享受的权利。各殖民地学院授予学生伦敦大学的学位，能对伦敦大学的考试大纲提出修改意见，它们的教师被任命为伦敦大学主考人。伦敦大学帮新国家培养了7000名左右毕业生，这些大学毕业生在他们本国受教育，取得国际承认的学位。

这八所学院，情况不同，有的学院已有较长历史，办学条件好；有的全是新建，白手起家。

苏丹是英国和埃及共管的国家，喀土穆的戈登学院是伦敦大学的第一所特殊关系学院，也是首先独立的大学。戈登学院建于1898年，开时只是一所小学，后来增办了师资培训班。1930年，戈登学院增设两年制中学，再加两年职业训练，1924年又创办一所学院。1937年，苏丹政府决定把几所学院合并成戈登学院。1945年，学院又增设农学院和兽医学院、理学院、工学院和文学院。1946年5月，伦敦大学接受戈登学院为特殊关系学院。

在西印度群岛，伦敦大学参与了大学成立前的工作。大学殖民地高等教育委员会拒绝接受在特立尼达设临时医学院的计划，而建议在牙买加建立永久性的医学院的计划。1946年10月，英国殖民部决定于1948年10月开始筹建。牙买加政府在莫那拨给新校址，1946年开始建校，医学院、理学院和文学院相继成立。1962年，牙买加成为英联邦的一个独立国家，西印度群岛大学也成为一所独立的大学。

荣誉的至高地——伦敦大学

在西部非洲，西非教育委员会曾建议早日建三所西非洲大学。尼日利亚的大学设在伊巴丹，黄金海岸的大学设在阿奇莫他，塞拉利昂和冈比亚的大学设在弗里顿。英国各大学校际委员会认为，尼日利亚大学为整个西非发展医、农、林和兽医学院。而黄金海岸大学则为全部西非设置教育学院、建筑学院和设计学院，后者可与土木工程系合办。殖民部国务大臣接受英国各大学校际委员会意见，1948年，黄金海岸大学学院正式申请和伦敦大学建立特殊关系。同年9月，伦敦大学同意黄金海岸大学学院的申请。1949年6月，伊巴丹大学学院与伦敦大学建立了特殊关系。

乌干达风景

名院风采

走进科学的殿堂

乌干达的马凯雷学院长期以来被认为是未来东非的大学,1947年9月,该学院注册申请与伦敦大学建立特殊关系。双方协商后,于1949年夏正式建立特殊关系。马凯雷学院于1963年,成为东非大学的一部分。

1949年,英国大学校际委员会通过实地走访认为:中部非洲应设一所大学。1953年3月决定在北罗得西亚(今赞比亚)的卢萨卡建一所多种族大学,1955年申请与伦敦大学建立特殊关系。1961年2月,内罗毕技术学院以皇家学院名义,成为伦敦大学的特殊关系学院。

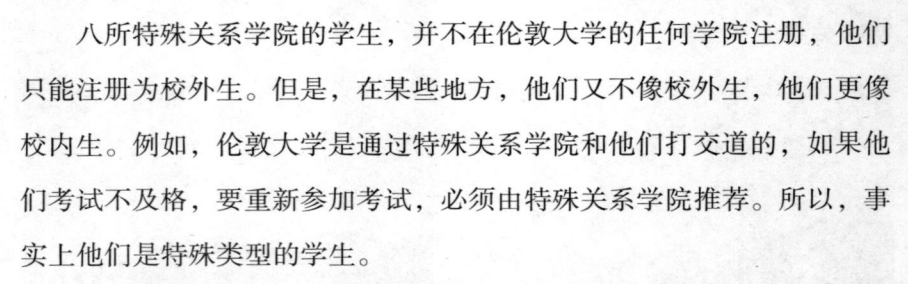

八所特殊关系学院的学生,并不在伦敦大学的任何学院注册,他们只能注册为校外生。但是,在某些地方,他们又不像校外生,他们更像校内生。例如,伦敦大学是通过特殊关系学院和他们打交道的,如果他们考试不及格,要重新参加考试,必须由特殊关系学院推荐。所以,事实上他们是特殊类型的学生。

特殊关系学院意识到他们的法人身份和作为独立大学的命运。伦敦大学帮他们履行授学位的权力。他们参加学术活动,可建议改变考试大纲,其教师被任命为伦敦大学的主考人。他们把获伦敦大学学位的学生,看作是他们的毕业生。

特殊关系学院的教师,直接参加伦敦大学的考试工作,由特殊关系学院提名,经伦敦大学有关学科学术委员会考察他们的资格和经验,然后,连同大学适当数量的本校教师一起向大学推荐,由大学理事会任命。

伦敦大学和特殊关系学院的伙伴关系的运行,在规模和性质上都是一件独特的事业,只有规模很大的大学能够承担这样的事业。单就考试

荣誉的至高地——伦敦大学

而论，就是一件大事。在一般情况下，伦敦大学的教师都在完成本职工

伦敦大学

作之外参加特殊关系学院的考试工作。行政人员也负担大量的额外工作。单就考卷来说，有时要一千份以上的考卷。

很显然，殖民地许多学院和伦敦大学加强联系有很多优点。首先，这些学院使学生成功地获得伦敦大学的学位，无疑和悠久历史的大学一道，在国际学术界赢得了地位。第二，伦敦大学的学位被广泛地接受，继续攻读研究生课程。各学院一旦有大学毕业生获得适当学位，就可以派往国外攻读高级学位，学成归国接替高等教育中的外籍教师。第三，各学院有了取得伦敦大学高级学位的教师，

就可帮学院建立科研中心。没有伦敦大学的帮助，不能很快得到国际的承认。第四，各学院和伦敦大学建立了伙伴关系，他们的教师得到伦敦大学各学院教师的大部分权利：他们能建议考试大纲、担任大学主考人，能攻读伦敦大学的高级学位。通过参与老大学的运行，学会如何管理他们自己大学的学术事务。

科学王国

尊重科学修正果

赫胥黎（1825—1895年）是近代英国杰出的科学家和教育家。他20岁获伦敦大学医科学位。大学毕业后，做过几年的海洋考察工作，并开始在科学界崭露头角。1851年，他当选为英国皇家学会会员。此后，他一直从事科研与教学工作，并担任大学教授、院长等职，发表了大量的科学论文。1862—1884年，赫胥黎参加了政府部门的有关科学与教育工作，他是英国第一部初等教育法案的起草人之一，在英国的国民教育和科学教育中发挥了重要作用。他的主要著作有《科学与教育》、《科学与文化》、《在哪里能找到一种自由教育》、

赫胥黎

走进科学的殿堂

《论科学和艺术与教育的关系》、《现实的和理想的大学》等。

在西方教育发展史上，自由教育历来被视为古典的人文主义教育，以纯粹的理智训练为目的。19世纪，资本主义经济飞速发展，科学技术日新月异，传统的自由教育受到了挑战，科学教育越来越受到人们的重视。赫胥黎批判了古典主义教育脱离实际、追求形式的错误倾向，大声疾呼实施科学教育。在他看来，真正的自由教育不仅仅是追求理智训练这一唯一目的，而是包含了广泛的内容，深入到一切可知的领域，赋予科学与艺术以重要的意义。因此，自由教育既包括古典的人文教育，同样也离不开科学教育和审美教育。他指出，在学校教育中，自然科学的课程和人文学科应当保持平衡，忽视任何一方面都是狭隘的、不正确的，都将给理智的发展带来损害。大学应当文理科相互渗透，各种专业的学生都必须具备扎实的文科与自然科学的知识基础。

基于上述认识，赫胥黎为学校开列了一个内容丰富的课程表，涉及德、智、体、美等方面，并将自然科学、人文科学和社会科学置于同等重要的地位，要求人们以适当的比例把这些必修课结合在一起。他认为，只有经过这种全面的教育，教育才称得上是自由教育，培养出来的人也才是真正的自由

赫胥黎

人，才能够从事各种职业，承担各种义务，个人的聪明才智才会得到最大限度的发挥。

赫胥黎在重视科学知识教育的同时，也指出了科学方法训练的重要性。他认为，学校不仅要传授科学知识，也要教会学生科学的方法，让学生在自然观察的基础上，运用归纳法得出科学的结论。为此，他十分注重实物教学，主张改革传统的死记硬背的教学方法。他在大学中首创了生物实验室，供学生进行观察和实验。

赫胥黎不仅重视科学教育，而且把艺术及审美教育作为其自由教育的一项重要内容。他把所有的知识分为两类，即科学和艺术，认为凡属理智的、推理的知识便是科学；凡是可感知的、能产生激情的、具有审美功能的东西便是艺术。教育就是要以科学的或艺术的形式，

文艺复兴时期的绘画

或两者相结合的形式，向青年提供实质性的知识。任何单一性质的知识都是不存在的，科学和艺术往往结合在一起。在他看来，自然科学

走进科学的殿堂

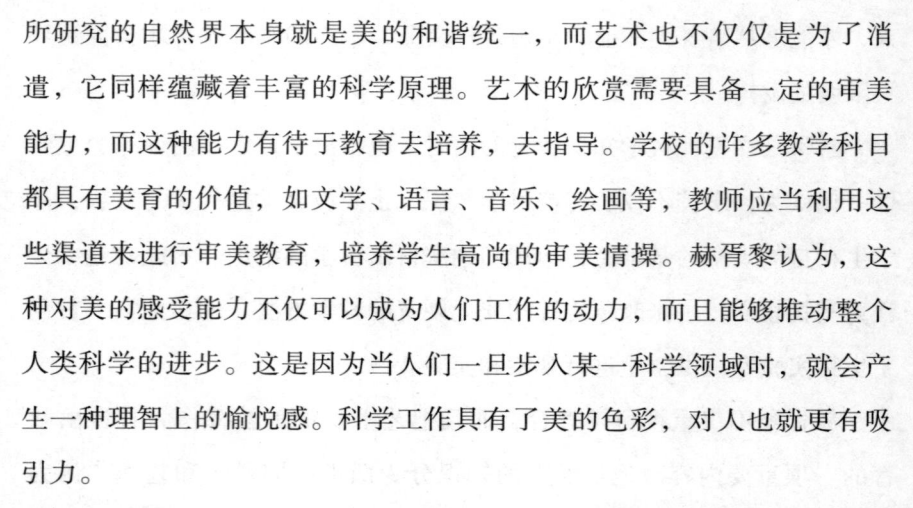

所研究的自然界本身就是美的和谐统一,而艺术也不仅仅是为了消遣,它同样蕴藏着丰富的科学原理。艺术的欣赏需要具备一定的审美能力,而这种能力有待于教育去培养,去指导。学校的许多教学科目都具有美育的价值,如文学、语言、音乐、绘画等,教师应当利用这些渠道来进行审美教育,培养学生高尚的审美情操。赫胥黎认为,这种对美的感受能力不仅可以成为人们工作的动力,而且能够推动整个人类科学的进步。这是因为当人们一旦步入某一科学领域时,就会产生一种理智上的愉悦感。科学工作具有了美的色彩,对人也就更有吸引力。

赫胥黎是和斯宾塞同一时代的一位科学家和教育家。他和斯宾塞一样,猛烈抨击了古典人文主义教育的狭隘性,大力阐述科学教育的重要性。尤其可贵的是,他把人文科学、社会科学、自然科学摆在同等重要的位置,克服了当时教育界出现的或重古典教育或重科学教育的倾向,强调进行全面的和谐教育。正是在赫胥黎及其同时代人的倡导下,科学教育开始受到人们的重视,进入了学校的大门,从而打破了传统的古典教育一统天下的局面,奠定了科学教育的地位。

赫胥黎一直以来都努力地拼搏着,他始终坚信自己的信念,《外国教育史话》中记载了赫胥黎的其人其事。赫胥黎1894年生于伦敦西南的索里郡,其祖父是著名的生物学家托马斯,他本人也是严复翻译的《天演论》的作者。在清末民初的时候,物竞天择、优胜劣败的思想曾经深入人心,起到了振聋发聩的作用。赫胥黎的父亲是列昂纳德。赫胥黎做过一所学校的校长,后担任一家出版社和某一杂志的编

辑工作。他的母亲朱丽叶也出身于一个很有名望的知识分子家庭，能诗善文，还开办过一所小学。赫胥黎是三兄弟中最小的一个，他的大哥朱利安赫胥黎是有名的生物学家，也是联合国教科文组织的第一任总理事。可以想见，出身于这样一种知识精英的家庭背景中，赫胥黎不但从小沉浸在浓厚的文化氛围之中，而且对自己也一向有着很高的期望和要求。

赫胥黎于1980年进伊顿公学，本想像他大哥那样将来做一个生物学家。不料天有不测风云，一场严重的眼疾几乎使

赫胥黎

他失明，以后，终其余生他的视力都是打折扣的。赫胥黎于1913年进牛津大学读英国文学，是一种改变初衷的选择，不过他保持着对科学，特别是对生物学的浓厚兴趣。由于眼疾，他未被征召入伍参加第一次世界大战，否则的话，凭他一米九的个子，血染沙场很可能是一个合理的归宿。赫肯黎在牛津读书的时候结识了罗索、劳伦斯（他是为数不多的首先赏识劳伦斯的人之一）等人以及他未来的妻子奈斯。毕业后，赫胥黎于1917至1919年返回伊顿教书，但在战争结束原来的教师回来后，他只得另谋出路。此后赫胥黎逐步走上了职业写作的道路，在此期间他开始担任（雅典神殿）文学评论杂志的助编工作。

走进科学的殿堂

在经济有了初步保障后,他于1919年同奈斯结婚。以后的几年他为伦敦的几家杂志写了几百篇关于文学、戏剧、音乐等文章。1921年他出版第一部小说《铬黄》,但未获重视。一个机缘使赫胥黎的生活在1923年起了决定性的变化。当时他同一家出版社签了个合同,可以预支稿费,但每年要交两部书稿。这个要求当然是逼人的,但预支稿费也是诱人的。从此赫胥黎主要在欧洲大陆生活和工作,开始在意大利(1923—1930年),后来在法国,因为那里的生活开销只有伦敦的几分之一,而且他可以选择对他眼睛而言光线比较适宜的地方。1923年他出版了《古怪的干草》,1925年又出版了《那些不结子的树叶》,渐渐取得声誉。此后,他曾有过一次世界旅行,包括印度、荷属东印度群岛和美国。赫胥黎于1928年出版了《旋律的配合》,《旋律的配合》是在意大利写成的,是他第一部获得公认的小说,这是他早期作品的顶峰,也可以说是他最杰出的同时又是具有争议的小说。在此以后,他才得到了经济上的真正保障。

赫胥黎是伦敦大学矿业学院和理学部的创始人。赫胥黎在生物学方面进行了大量研究,

赫胥黎

特别是在各种动物的比较解剖学研究方面具有独特之处。他任伦敦大学教授长达31年,其事业大部分是在伦敦大学完成的。1858年

单独的理学部的建立和新的理学士的设置，他是带头人，这两件事是在19世纪知识结构的重组和系统化方面具有重大意义的步骤。承认科学作为知识的一个独立的和与众不同的分支，无疑既是科学实践所必需的，也是科学发展所必需的。虽然有些人也许会说，赫胥黎帮助保证在制度上把文理分开并非纯粹幸事。赫胥黎在生物学方面的大量研究，特别也许在各种动物的比较解剖学的研究，是他个人的主要特色。他是达尔文最大的支持者之一，也许是达尔文观点的最杰出的宣传者。他又是一位伟大的作家，不仅是专门著作的作者，而且是广大群众喜爱的著作的作家，他当选为皇家学会会员时只有26岁。赫胥黎对初等教育有极大的兴趣，为改进初等教育奔走呼号不遗余力。

赫胥黎

赫胥黎因为严谨的治学风范和正直的品格，在英国学术界一直享有盛誉。他1851年被选入英国皇家学会，1854年被聘为皇家矿业学校的博物学教授，1881年至1885年间担任英国皇家学会会长。在他的一生中，曾先后接受过53个外国科学学会授予的荣誉称号。

赫胥黎是一个著作等身的科学家。他的主要著作有《人类在自然界的位置》、《脊椎动物解剖

走进科学的殿堂

学手册》、《无脊椎动物解剖学手册》、《进化论和伦理学》等。《进化论和伦理学》被我国清朝学者严复译为《天演论》，对中国影响很大，成为了五四前后，中国新青年追求科学、真理的必读书籍。

同时，赫胥黎也是一位为人热情、心地善良的人，他同情劳苦大众，曾提出"大众教育"的口号，为工人办夜校并让他们免费上学。而对那些凭借权势盛气凌人、亵渎科学的权贵及庸夫乡愿，他总是无情揭露。

作为一个优秀的自然科学家，赫胥黎把发现和捍卫真理作为自己毕生的追求。1860年6月30日，在牛津大学已经拥有显赫学术地位的赫胥黎不畏宗教强权，与传统学术势力和基督教会的代表们展开了关于"进化论"的激烈争论。他是第一个提出人猿同祖问题的学者，尽管这样做所要承担的风险是残酷的火刑。为了捍卫和传播达尔文主义，赫胥黎

赫胥黎

与宗教势力进行了无数次的论战，遭受了无数的辱骂与攻击，但他无怨无悔。在暮年，正当他准备隐居过宁静生活时，某些上层人士又著文攻

击进化论，赫胥黎顿时忘掉了自己身上的病痛，重操干戈，再度应战。他希望青年人像他年轻时在牛津大论战中一样，无所畏惧，为真理而努力奋斗。他勉励青年们应该坚持真理，坚信"真理会取胜"，即使真理在自己的一生中未能取得胜利，也会使人变得更好、更聪明。因为人们所做的一切努力，终会得到历史的回报。

走进科学的殿堂

地质学成为一门科学

科学王国

莱尔是一位杰出的地质学家。在一定意义上，莱尔使地质学成为一门科学。

地质奇观

荣誉的至高地——伦敦大学

莱尔爵士于19世纪30年代在伦敦国王学院任教，时间不长，却是他一生中建树卓著、影响深广的一段时期。莱尔最先认识到要根据地质的原貌真相来解释地质学。他的口号是："现在是认识过去的钥匙"。这和当时广泛流行的看法截然相反，这种看法认为地球表面和它的岩石的形状是以完全不同于地球表面现在正在改变中的方式进行的一系列不可想象的灾变形成的，邦迪说："你讲到不可想像的过去，你就丧失你自己解释、理解和探索一直在进行的事情的真实能力。只有当你通过我们今天看到的长时期起着作用的许多力量的活动，对解释你所观察到的东西的原因的可能性完全穷尽以后，你才可能接受灾变的理论。在一定意义上，莱尔使地质学成为一门科学。"在国王学院任教期间，他热心讲课，并对公众举行通俗讲演，传播他的新思想。国王学院是英国国教会办的，他讲授的内容从宗教信仰的观点来看，是被认为有问题的，但是他仍然是国王学院的教授。

达尔文

19世纪前期，自然神学在英国学术界有很大影响，许多生物学家认为生命世界的奇妙适应与和谐都出自上帝的设计。

莱尔反对灾变论,是"均变说"的积极拥护者。但他在《地质学原理》第二卷(1831年)讨论到动物变异等问题时,对拉马克学说进行了尖锐批评,他的著作对达尔文及其进化论的传播虽有重要影响,但他本人在较长时间内也是反对进化论观点的。但从整体上讲他是达尔文学说的最早支持者之一,他还安排出版达尔文的著作。

莱尔在研究地质学的同时,具有自己对科学与生物学一定的观点和阐述。

地质学中科学观念的发展,走了与天文学相反的方向。在天文学中,是渐进发展的理论取代了天体恒定不变的信条,但是在地质学中,却是科学的缓慢发展理论,取代了灾变说。灾变说相信地球曾经有过一段剧烈变化时期,一开始人们曾相信地球的全部历史必须压缩到大约6000年的时间里。为了能够解释沉积岩以及沉淀的熔岩是在这么短的期间形成的,人们必须假设以前一段时间灾难曾频繁发生。从对牛顿时代地质学状况的考察,我们知道地质科学的发展远远落后于天文学的发展。比如在1695年,伍德瓦德还曾这样解释沉积岩的生成:"整个大陆都被变成碎块并溶化在洪水中,地壳则是由洪水过后杂乱无章的泥流沉淀而成。"据莱尔讲,伍德瓦德曾作过这样的讲述:"整个地壳的化石层是在几个月内积存而成的。"在那之前十四年的1681年,后来成为卡尔特修道院院长的汤姆斯牧师出版了他的《地球圣论》,包括对原始地球及其整体变化的描述,这种变化包括已经发生和即将发生直至圆满的所有变化。他相信赤道原本在黄道的平面上,只是在洪水之后才被推到现在的偏斜位置(神学上更正确的观点是密尔顿的观点,他认为这种倾

斜是在亚当和夏娃堕落的时候开始的)。他认为是太阳的热量把地球晒裂后,地下水喷发而出酿成的大洪水。他坚持第二个混乱期是进入千禧年之后。由于他并不相信有永久的地狱惩罚,因此接受他的观点时应该持审慎态度,而不要把它当成正统的神学观点。更令人惊奇的是,他认为关于亚当和夏娃的堕落的故事只是一个寓言。因此,正如《大不列颠百科全书》所说,"国王被迫撤销了他国王议事会议教会文书之职。"慧斯顿后来避免了莱尔关于赤道和其他一些错误,他在 1696 年出版了

明亮的 SWAN 彗星

一本书,题为《地球的新理论》圣经中主张的六天创世、世界大洪水以及普遍大灾难是与理性和哲学完全一致的。1680 年那颗彗星使莱尔

走进科学的殿堂

想到可能是彗星造成了大洪水,这在一定程度上启发了他写这本书的灵感。由于他认为上帝创造世界的六天要比通常的六天长,他的正统地位也曾经受到质疑。

第一个阐述现代科学地质学的是哈顿,他的《地球理论》在1788年首次出版,并且在1795年再版了增编本。他假定造成地球表面过去变化的因素现在仍然在起作用,而且没有理由认为这种变化在过去要比现在更活跃。虽然这个假定看起来像是一个原理,但是哈顿在某些方面超出了它的应用范围,在某些方面又对它阐述得不够。他认为沉积岩沉积海底造成的海水对大陆的侵蚀是造成大陆消失的原因,而新大陆的形成则是由于突发灾难的结果。他没有足够考虑陆地突然沉降和慢慢升起

基督教图片

在大陆变迁中的作用,但是所有在他之后的地质科学家都认同他的基本方法,那就是用现在还在发生作用的地质变迁的现象去解释过去曾经发生的事情。他们认为在漫长地质年代中产生的巨大变迁的原因,就是现在仍然在缓慢导致海岸线移动、高山起伏而动以及海底升降不停的同一种力量。

莱尔在他的《地质学原理》中说:"一小撮人对哈顿派原理的激情,以及在争吵中表现的对正义与崇高精神的漠视,并不是哈顿理论的功劳,只是当时英国大众那种普遍的狂热激情的一种反映而已。多年来法国的一批作家们就通过协作性的努力,通过削弱基督教信仰的根基,来削弱教会的影响。他们的成功以及大革命的成果,引起了意志坚定的人们的警觉,但是对于那些胆小的人们,革新带来的恐惧则像梦魂一样萦绕着他们。"直到1795年,英国的富有者都一直把非圣经的原理看作是对财富的侵犯,甚至是把他们拉上断头台的威胁力量。许多年中,英国人的主张还不如大革命之前自由。

由于地质化石资料表明了大量的生物已经消失,所以地质学的进一步发展就与生物学混在一起。如果仅仅考虑世界存在的久远性,通过把"六天"解释成"六个时代",地质学和神学便可以达成某种共识。但是对动物的生命这样的问题,神学发现它的一贯立场却很难融入科学的框架。在人类堕落之前,动物之间不应该存在互相残杀,所以现存物种都是方舟中保存下来的,除了极少数外,灭绝的物种都是在大洪水中淹死的(这种主张也有它的困境。圣奥古斯丁就因为他自己不知道上帝制造苍蝇的原因而向上帝忏悔。路德则这几乎强词夺理地大胆断言,苍蝇是魔鬼制造的,其目的是为了干扰他撰写有益的论著)。物种是永恒不

走进科学的殿堂

变的，每一物种都是创世时分别创生的，对这种主张的任何疑义都会招致神学家们的敌意。

　　莱尔的地质学方面的研究与观点，使当时神学和生物学等学科的纷争都受到了影响。

荣誉的至高地——伦敦大学

电磁场理论的提出

马克斯韦尔30岁时成为皇家学会会员。有人称，马克斯维尔是19世纪最伟大的理论物理学家。1860—1865年，马克斯韦尔任伦敦大学国王学院自然哲学教授，这五年是他一生中科研成果最多的年代。他的

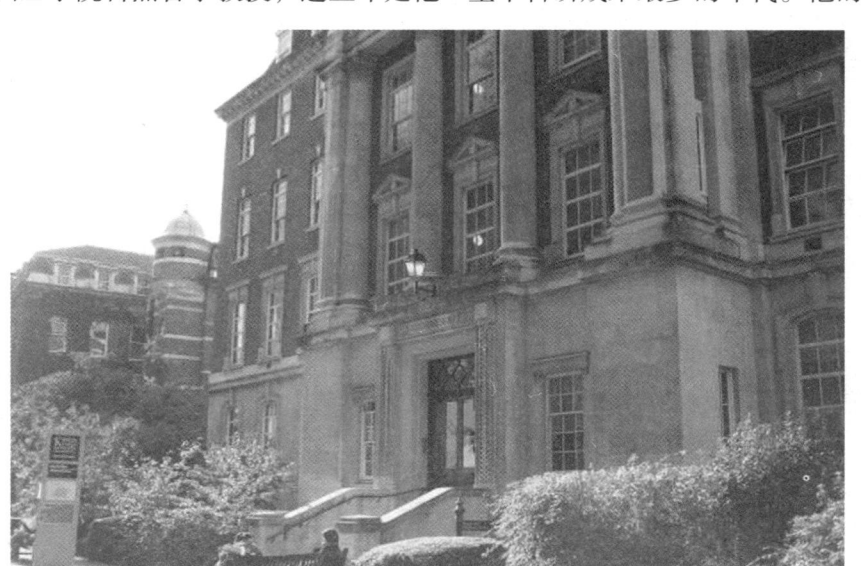

伦敦大学国王学院

走进科学的殿堂

关于瓦斯粘滞性的理论,就是在国王学院任内完成的。他在伦敦住所的顶楼从事瓦斯粘滞性的实验,他的夫人当司炉,并调节温度。用他的名字命名的电磁学方程式是他在国王学院任教时发表的。

1875年马克斯韦尔提出了电磁场理论,认为场不是个别物质分子引力和斥力的总和,而是一个全新的结构。并且指出,如果不参照整个场力,就无法确定个别物质分子活动的结果。在这一思想影响下,苛勒在《静止和固定状态中的物理格式塔》(1920年)一书中,采取了物理学的场论,认为脑也是具有场的特性的物理系统,从而论证知觉与人脑活动是同型的。

卡文迪许实验室

马克斯韦尔电磁场理论的建立,使他成为继法拉第之后集电磁学大

成的伟大科学家。他全面地总结了电磁学研究的全部成果，并在此基础上提出了"感生电场"和"位移电流"的假说。

英国数学家、天文学家吉恩斯爵士（1877—1946年）称，马克斯韦尔的著作《电磁场的动力理论》，也许是他撰写的最重要和意义最深远的论文。邦迪和国王学院理论物理教授多姆勃都称马克斯韦尔是十九世纪最伟大的理论物理学家。

后来，马克斯韦尔辞去他在国王学院的工作，回到苏格兰照顾他家庭的产业。后来他被剑桥大学聘为第一任卡文迪许教授，创立和建设卡文迪许实验室，这是一件巨大的任务，他生命的最后八年是在剑桥度过的。在一般人的心目中，马克斯韦尔的名字是和剑桥大学以及创立卡文迪许物理实验室联系在一起的。

走进科学的殿堂

五种惰性气体被发现

拉姆齐爵士通过进行大量的实验，发现地球上存在氩、氦、氖、氪和氙等五种惰性气体，他的成功很快得到承认，1902年被封为爵士，1904年获得诺贝尔奖，他在35岁左右就成为皇家学会成员。

氦气

关于他在发现惰性气体的过程中发生了许多的故事。一次，拉姆齐教授走进课堂，他在桌上放了一个特制的杯状大器皿。里面是冷凝的液态空气。学生们从没有见过空气会像水一样盛在杯子里，都瞪大眼睛看教授要做些什么。只见拉姆齐拿起一个小橡皮球在器皿里浸了浸，往地上一扔，球没有像往常那样蹦起来，却嚓啦一声跌了个粉碎。只听教室里齐刷刷地"呀"了一声，学生们惊得一个个眼睛溜圆。教授

不慌不忙，又往一只装满水银的试管里插进一根铁丝，连试管往器皿里一泡，再抓住铁丝往出一拉，竟拉出一根水银"冰棍"，拉姆齐拿起一个钉子，用这根冰棍，当当当几下就将钉子钉到墙里，这时教室里又叫起一片笑声。但是还不等笑声散去，教授又从口袋里掏出一块面包，大家还没有看清怎么一回事，面包早在器皿里打了一个滚，又捞了上来。拉姆齐说："快将窗帘拉上！"只见室内一暗，这面包竟发出天蓝色的光。但是这时学生们却有点急了，那宝贵的液态空气越蒸发越少，难道花那么多钱就为今天变一阵魔术吗？不想，拉姆齐干脆宣布实验结束，大家回家吃午饭。他将那杯液态空气大敞着口，锁上门，扬长而去。

原来拉姆齐心中有一个既定主意。他想氪一定比氧、氮蒸发得慢，最后留在器皿底下，慢慢来收拾也不会跑掉。下午，拉姆齐将器皿底那点已经不多的空气经过除氧、除氮处理，收得一个小小的气泡，再用那个分光镜一照，氪没有找见，可是又出现了一种新谱线——这一定

氪

又是一种新元素了。这又是种瓜得豆，种豆收麦，拉姆齐把这种新元素定名为"氪"（希腊文隐藏之意）。这天是 1898 年 5 月 24 日。

没有找见氪，拉姆齐并不气馁。他想，你没有留在最后就说明你先

走进科学的殿堂

蒸发走了。这回他学聪明了,将液化空气一点点蒸发分馏,然后逐次抽样,用分光镜检查。他先查出一种新元素把它定名为"氖"(希腊文"新"之意),然后终于找见了那个最狡猾的氩,接着在1898年7月12日又找见了"氙"(希腊文"陌生"之意)。这样拉姆赛用分馏法加光谱法,在不到半月内就连克三城,发现了三种最不易为人看到的惰性元素。到此为止,那个氦已让人发现过三次了。第一次在太阳上,第二次在钇铀矿里,第三次在空气里。因为找它,又牵出了一串惰性元素。后来拉姆齐说:"寻找氦使我想到了老教授找眼镜的笑话。他拼命在地下找,桌子上找,报纸下找,找来找去,眼镜就在自己的额头上。氦被我们找了一大圈,原来它就在空气里。"

1913年拉姆齐爵士任伦敦大学大学学院化学教授。此前他任布里斯托尔大学学院化学教授兼院长。那时,他已完成很多杰出的科学研究,广交当时著名的科学精英,他在大学学院的一间地下室的实验室进行惰性气体的实验。

剑桥大学卡文迪许实验室主任瑞利勋爵(1842—1919年)发现,从大气中提取的元素氮的密度常常比从氮的化学化合物中产生的氮的密度大。经瑞利同意后,拉姆齐开始进行实验。他发现,从大气中逐步排除氮,在余渣中浓缩一种比氮更加重的气体。结果,他发现他称作氩的惰性气体。拉姆齐进一步认识到,如果有一种惰性气体,那么就应该有整个一族这种气体填补元素周期表上的空缺。

拉姆齐获得了成功,他成功的发现了五种惰性气体,在惰性气体的探究中,还有一些令人们难忘的人和事。

瑞利是英国剑桥大学的教授,此人有极好的耐心,因此他也就选了

荣誉的至高地——伦敦大学

一个极要耐心的研究题目,那就是测量各种气体的密度(密度是指一升气体在0度和一个大气压下的质量)。而他的实验室里也有当时极好的一架天秤,灵敏度可达到万分之一克。他制了一个大玻璃球,用真空泵将球内空气抽空,称出球重,算出体积,再充进各种气体,称出净重,求出密度。干这种重复枯燥的事,他也能不厌其烦。每种气体都要称几次,而且气体每次都得以不同方法制得,如果测量结果都一致了,这才放心。他就这样称了氢又称了氧,称了氧又称氯,称了氯又称碳酸气,对着那个玻璃球,抽了又充,充了又称,称了再算,这样重复的工作他从1882年开始一直干了整整十年。这工作虽然枯燥,但那些气体在他的手中都一一有了精确的密度,内心倒也十分愉快。不想到第十个年头上,瑞利这个办法再也不灵。他测氮气密度,第一个办法是让空气通过烧得红热的装满铜屑的管子,氧与铜生成氧化铜,剩下的就是氮气,密度为每升1.2572克。第二个办法是让氧气通过浓氨水,生成水和氮气,这种氮气的密度为每升重1.2560克,比空气中的氮轻了0.0062克。瑞

拉姆齐

走进科学的殿堂

利百思不解,便向《自然》杂志发了一封信。信发表后,瑞利一面盼着回音,一面不停地重复这个实验。谁知道这个 0.0062 就像鬼影一般,挥之不去,闭眼又来,直气得他真想把那个玻璃球一拳砸烂。小数点后面三位的小误差,这在一般人也就算了,但是细心的瑞利却决不肯放它过去。而他的信在杂志上公布了二年,竟没有收到一封回信。瑞利实在等得不得了,便带上他的仪器直闯皇家学会。1894 年 11 月 19 日,他向许多化学家、物理学家当面做了一个关于"两种氮气"的报告。这一招还真灵,报告刚完,便有一个化学家拉姆齐自报奋勇出来帮忙,他说:"两年前我看到你那封信还没有弄懂其意,今天我明白了,你从空气中得到的氮气一定含有杂质,所以会密度稍大。"这真是响鼓不用重槌,明人不用多说,瑞利恍然大悟:杂质不就是未发现的新物质吗?原来一块新大陆正在召唤他呢!瞬间,心头的愁云早已化成了眉梢上的笑意。他想,或许我已经抓住新元素的尾巴了。这瑞利正喜不自禁,突然有一个叫杜瓦的物理学家又走上前来将他的肩膀拍了一把:"老兄,这个问题卡文迪许早在 20 年前就曾提出过,我建议您去查查他留下来的笔记,或许能帮您一把。"瑞利就在卡文迪许实验室工作,那

拉姆齐

些旧笔记就锁在他手边的柜子里。他一听这话更是喜上加喜，连忙喊道："我现在就收拾东西回剑桥去。"

卡文迪许可算得上科学史上的一个怪人。他出身贵族，很有钱，但是一不做官，二不经商，三不交际。他把钱都用来买科学仪器和图书，他还盖了一个很像样子的私人图书馆，任何人都可以来借书，但是一定要按时归还，就是他自己看书也要先打个借条，办个手续。他的穿戴全

卡文迪许实验室座右铭

是上个世纪的打扮，所以一出门就有许多小孩子跟在后面，又叫又笑。他一辈子没有结婚，不知缺根什么神经，从心里厌恶女人，家里用女仆，但又规定不许与他见面。每天早晨，他将吩咐女仆办的事写在纸上，放在固定地方。吃饭时女仆先摆好饭菜退出餐厅，他再进来落坐。他离开

走进科学的殿堂

后，才许女仆进来收拾碗筷。一天，他在楼梯上与女仆偶然相遇，一时竟气得发抖，返身找到管家，命令再造一个楼梯，男女各行其便。他思维怪异，一生发现甚多。比如：第一个从水中电解出氢、氧，并测出比例；第一个测出地球的密度等等。但是他又极少公开发表，宁肯让这许多成果掩藏在尘封土埋的笔记本里。直到他死后50年，麦克斯韦受命筹建卡文迪许实验室，才十分吃力地将这些"天书"一本本地整理发表。这件事，着实使那个极聪明的麦克斯韦晚年耗费了许多的精力。

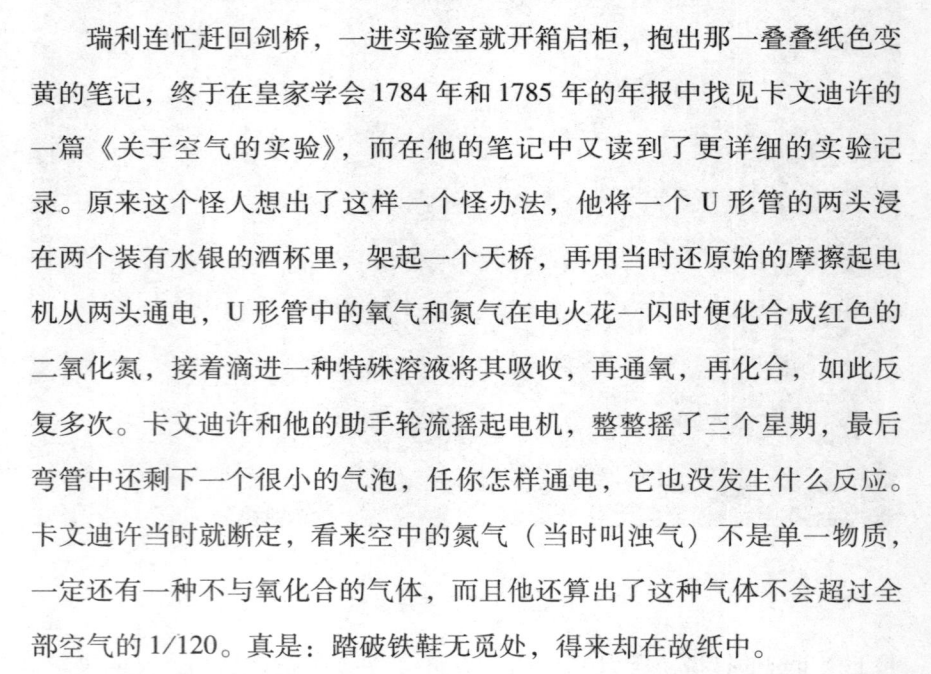

瑞利连忙赶回剑桥，一进实验室就开箱启柜，抱出那一叠叠纸色变黄的笔记，终于在皇家学会1784年和1785年的年报中找见卡文迪许的一篇《关于空气的实验》，而在他的笔记中又读到了更详细的实验记录。原来这个怪人想出了这样一个怪办法，他将一个U形管的两头浸在两个装有水银的酒杯里，架起一个天桥，再用当时还原始的摩擦起电机从两头通电，U形管中的氧气和氮气在电火花一闪时便化合成红色的二氧化氮，接着滴进一种特殊溶液将其吸收，再通氧，再化合，如此反复多次。卡文迪许和他的助手轮流摇起电机，整整摇了三个星期，最后弯管中还剩下一个很小的气泡，任你怎样通电，它也没发生什么反应。卡文迪许当时就断定，看来空中的氮气（当时叫浊气）不是单一物质，一定还有一种不与氧化合的气体，而且他还算出了这种气体不会超过全部空气的1/120。真是：踏破铁鞋无觅处，得来却在故纸中。

却说瑞利找见卡文迪许的笔记，喜得手直发痒，立即架起仪器，重做这个109年前的气泡试验。不过，他现在已有了最新设备，这气泡立时就得。他又将此事通知拉姆齐，拉姆齐用其他方法也获得了同样的气泡。看来，这东西肯定是一种未发现的元素了，而且十有八九就是洛克尔和让逊在太阳上发现的那个氦，现在又用得上基尔霍夫发明的那个雪茄烟盒子照妖镜了。他们兴冲冲地取来分光镜，谁知不照犹可，一照忽如一盆凉水贴着半个身子从头到脚淋了下来。读者或许要问，怎么会是半边凉呢？原来瑞利满以为这回他一定捕到了那个已有26年没有归案的逃犯——氦，不想分光镜里的谱线却又是另外一种，所以浑身就凉了半边。可是他再仔细一看，这谱线是橙、绿两条，和其他已有元素也对不上号，不禁又激动起来。种瓜不收反得豆，他没有逮住"氦"，却发现了另一种新元素。瑞利给他起了个新名字叫"氩"，这在希腊文里是不活动的意思，同时拉姆齐在伦敦也找到了氩。这是1894年8月的事。

却说瑞利和拉姆齐种瓜得豆，找氦得氩后，拉姆齐总不死心。这时，他们找见氩的消息传出，一位化学家给拉姆齐写信说，钇铀矿和硫酸反应会生成一种气泡，不能助燃，也不能自燃，说不定就是你的氩。拉姆齐连忙一试，这种气体的光谱竟和氩又是不同。他实在想不出这又是一种什么新玩艺儿，便连同装着新气体的玻璃管和分光镜一起送给当时最权威的光谱专家克鲁克斯，请他鉴定。1895年3月23日，拉姆齐正在实验室里工作，突然收到一份电报：

氩

走进科学的殿堂

"你送来的气体,原来就是氦。——克鲁克斯。"

真是有心栽花花不活,无心插柳柳成荫,想不到追查了 27 年的氦,倒这样轻易地被逮捕归案了。

氦气球

但是拉姆齐脾气很犟,他总觉得氦这样躲躲藏藏地和他作对,虽然找见了也不痛快。而且,氦既然很不易和其他元素结合,那么它一定会独立存在于空气中,所以他决心要在空气中直接找到氦。他知道氦、氩都有惰性,已不易通过化学反应将他们分离,这回他换了一个物理的办法,就是将空气冷凝到零下192℃,变为液体,根据它们蒸发的先后次序不同,再将他们一一分开,并给学生们演示了那场实验。

领域精英

勇于走自己路的巴顿

巴顿 1918 年 9 月 8 日生于英国肯特郡的格雷夫森德，1998 年去世，享年 80 岁。巴顿 1949 年获英国伦敦大学理学博士学位，1950—1955 年在英国伦敦大学任教，1953 年晋升为教授。1969 年，巴顿获诺贝尔化学奖。他的主要著作有：《甾醇的构象》、《环己烷衍生物的立体化学》、《西蒙森讲座的开幕词：倍半萜烯化合物的某些方面》、《构象分析的最新进展》。

巴顿在他 20 岁的那年，顺利地考入了伦敦大学的帝国科学院。当他如愿以偿地坐在大学的教室里学习自己所喜爱的化学时，眼睛里闪耀着兴奋的光芒。而巴顿是在工作之余进行自学，并在一个补习学校学习了一年后取得的优异成绩。在各门课程中，他最感兴趣

伦敦大学

的是与自然科学有关的知识，特别是对化学情有独钟。

巴顿在他的人生和求学道路上是坎坷的，他是那样地热爱学习，然而，他的家庭同样给了他相当大的考验。

日光洒在伦敦东面的泰晤士河口。在离河岸不远处的一个大户人家院子里，一个七八岁的小男孩正在和一个青年女子追逐嬉戏。这时，一位个子不高、身宽体胖的中年男子推开院门，从外面走进来。小男孩停止了游戏跑过来，紧紧地拉着中年男子的手说：

"爸爸，爸爸，你也来和我一起玩吧。"

落日余晖的美景

中年男子充满爱意地抚摸着男孩的头。这时，听到声音从屋子里走

出来的一个中年妇女，接过男子手中的礼帽和手杖，对男孩说道：

"德里克，爸爸已经劳累一天了，让他歇会儿。你还是先和姑姑一起玩吧。"

男孩又跑去和姑姑继续去玩了。父亲和母亲一同坐在院子鱼的长椅上。看着儿子欢快地玩耍，并不时发出清脆的笑声，父母的脸上浮现出灿烂的微笑。在落日余辉的映照下，展现出一幅天伦之乐的动人画面。

小男孩拼命地奔跑着，追赶着他的姑姑。突然，他被什么绊倒了，短裤下裸露的膝盖被磕了一下，"哇"地一声大哭了毛来。姑姑急忙跑到他跟前，扶起男孩。

"我的小宝贝，磕着哪儿了？不哭，姑姑给你吹一吹。"

母亲也心疼地从长椅上站起身来，要走过去。但父亲拉住了母亲的手，阻止了她。这时，父亲似乎猛然间想起了什么，对妻子说：

"德里克是大孩子了，不该这么娇气。他已经上学了，应该和同学们一起玩才对。"

"他好像和同学相处得不太融洽，很少和同学一起玩。"母亲回答道。

父亲脸上的笑容消失了，微微地皱起了眉头。

晚上的餐桌上，尽管大人们劝男孩不要挑食，但他还是只拣自己喜欢的饭菜，动不动还撒娇发脾气。父亲的眉头皱得更紧了。

这个男孩名叫德里克·巴顿，父亲是一个木材商人。巴顿是独生子，从小就受到父母的悉心照料，尚未出嫁住在哥哥家的姑姑对他也宠爱有加。到了上学的年龄，父母将巴顿送人一所公立走读制小学。在学

走进科学的殿堂

校,身边失去了亲人的呵护,小巴顿感到很不习惯。他在学校和家里过的是两种完全不同的生活——白天在学校,谁犯了错误都会毫不例外地受到教师的批评和处罚,同学们也不会有人特别谦让他;晚上回到家中,他又是所有人的宠儿,受到百般的呵护和溺爱。父亲感到这种状况十分不利于孩子身心的健康成长,于是在小巴顿10岁时,将他送进了一所寄宿制学校。

这是一所教会办的学校,收费很高,学生大多来自于有钱的家庭,但校规却很严,继承了英国特有的培养"精英"的贵族学校传统,学生们过的是一种近乎军营的"艰苦"生活。每天清晨钟声一响,学生们就要以最快的速度起床、穿衣、叠被子、洗漱,接着就是出操、跑步,谁也不能睡懒觉。上午是文化课,下午是体育锻炼。即使在最冷的冬季,宿舍的窗户也敞开着。把学校的伙食称为"粗茶淡饭"一点也不过分,令这些习惯了"锦衣玉食"的富家子弟们难以下咽。学生们每天的运动量非常大,要是再挑肥拣瘦,那就只有挨饿的份了。学生如果犯了错、违反了校规,就会受到非常严厉的处罚,有时还会遭到体罚。这与家里的生活相比,简直有"地狱"与"天堂"之别。起初一段时间,小巴顿很不适应,一到星期一早上就哭着闹着不愿意去上学,人也瘦了许多。

母亲和姑姑曾埋怨父亲心太狠,对他为什么将独生子送进这么一个"严酷"的环境之中感到不理解。但父亲却认为这对于儿子的健康成长是必经之路。磨难和锻炼,对于从小就生活在优裕环境中的孩子,特别是那些娇生惯养的独生子女来说,是一道甚为有益的"营养剂"。当巴顿后来回忆起这段生活时,他曾经这样说:"这样的生活使我学会了忍

领域精英

耐和自我锻炼，培养了我坚强的身心和健全的人格。"在集体生活中，小巴顿还学会了如何与人相处、珍视友谊。这对于他日后形成尊重同事、为人谦逊、待人友善的品格，起到了很大作用，并为他的事业成功打下了良好的人际关系基础。为此，巴顿后来非常感激自己的父亲当初对自己的残忍。

这所教会学校的教育严格而不刻板，注重对学生们进行启发式的教育和促进学生的全面发展。这使巴顿从小就尝到了学习的乐趣，对很多方面的知识产生了浓厚的兴趣。学校里有一个藏书丰富的图书馆，学生们可以从这里借阅到自然科学、社会科学等各方面的书籍。小巴顿非常喜爱看书，几乎把图书馆里的藏书都看遍了，特别是天文学等自然科学方面的科普读物给他留下了深刻的印象。到后来，图书馆里的书已经不能满足他的需求了。学校严格限制学生们从家中带零花钱。很多学生们偷偷跑到校外，把有限的零花钱用来买零食吃，但小巴顿却把零花钱全部用于买书了，周末在家中他也如饥似渴地读书。对于他来说，书给他带来的乐趣，远远胜过任何种美味的食品。

看到儿子的成长和进步，父亲对此感到非常欣慰。母亲和姑姑从此也不再抱怨了。但几年后，父亲却突然让孩子离开了这所学校。

这是一个周末，小巴顿从学校回到家，显得十分高兴。"爸爸、妈妈，校长又一次在同学们面前表扬我了。他夸我聪明、学习努力。"

父母听了都十分高兴。小巴顿接着又拿出一本包装精美的《圣经》，极为得意地说："课后，校长还把我叫他的办公室，把这个送

走进科学的殿堂

给了我。"

看到《圣经》，父亲好像心里有点不安。但他想到儿子上的是教会学校，校长又是一个牧师，送给学生一本《圣经》也是不足为奇的。可是儿子后面的一段话，让父亲警觉了起来。

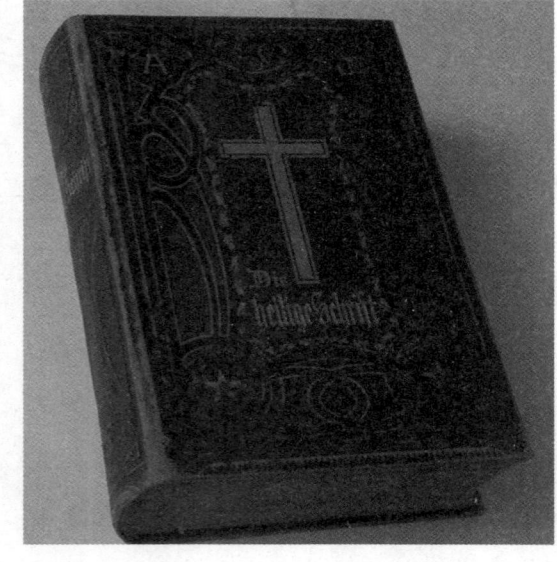

"校长还说我有从事神圣职业的天份。"儿子依然是那么兴高采烈。听到这话，父亲的笑容彻底不见了。这位校长是不是想引导儿子当牧师呢？

此后不久，父亲利用一个机会到学校去了一趟。果然，校长对聪明好学、悟性颇高的小巴顿非常欣赏，有意想把他培养成一名神职人员。这正是父亲最担心的，他立即把小巴顿转到另一所寄宿制私立学校去读书。新学校也是一所教学质量好、校规严格的学校。

《圣经》

小巴顿从很小的时候就意识到：自己未来很可能走与父辈们不一样的路。在父亲为他设计的两条道路中，他对于做生意赚钱一点也不感兴趣，倒是曾有一段时间想长大后成为一名医生。为此，他对物理、化学课程的学习格外用心。但是，后来他又改变了主意："医学院的学生要在死尸上动刀子，一想起来就令人毛骨悚然，我不想当医生了。可不当

荣誉的至高地——伦敦大学

医生干什么呢？我不知道。不过，在我的潜意识里，将来的工作大概是与科学有关的工作吧。"

虽然不再想当医生，但小巴顿对于科学的学习热情并未衰减，因为他已经从中体会到了莫大的乐趣，他的学习成绩在班上总是数一数二的。但就在这时，一个突然事件阻断了他本来也许是平坦、笔直的通往科学殿堂之路。

伦敦大学

在巴顿还不满17岁的时候，父亲突然因心脏病发作而离开了人世。为了管理父亲所遗留下来的企业，巴顿不得不怀着依依不舍的心情中途退学了。他认为这是命运在考验自己，他勇敢地接受了命运的挑战。他在工作中一丝不苟，把各种事务处理得井井有条。但他却从心底里不喜欢这种生活，他感觉到自己的青春正在被没有多少意义的商业事务一点点地消耗掉了。他在思考自己今后的人生道路："在长达两年的乏味的工作中，我意识到人生的活力来源于知识，这种意识是如此地强烈……我开始领悟到世界上一定有什么别的更有意义的工作。我和父亲不一样，对挣钱没有兴趣，只想学习。"

进入伦敦大学后，巴顿放弃了父亲留下的事业，母亲并没阻拦。她尊重儿子自己的选择，她认为应该让儿子做他自己喜欢的事，而且从事科学事业比经商更有意义。

为了不让母亲一个人孤独地留在家中，巴顿每天上完课后都要匆匆地赶回在肯特郡的家。这段时间，每当朝阳从泰晤士河口升起，给肯特郡首府威尔特市火车站的屋顶披上一抹红霞；每当夕阳西斜，把伦敦火车站的钟楼映得金碧辉煌时，在站台上都会看到一个长着略带金黄色的头发、相貌英俊、举止优雅的年轻人，背着一个沉甸甸的书包匆匆登上列车。巴顿一坐到座位上，就捧起厚厚的书认真地阅读起来。他根本无心欣赏车窗外绚丽的晨曦或晚霞，车上一些漂亮姑娘向他频频投来秋波，他也毫无察觉。

独生子的孝心，令中年守寡的母亲备感心慰。但她想到，儿子为了陪自己，晚上就不能上图书馆和实验室了，而且每天在路上要花费4个小时，既不利于学习，也太辛苦了。为了让儿子更好地学习，母亲在大学附近为儿子租了一间公寓，自己也搬到伦敦来住，这样，既可以每天都看到儿子，又能照顾儿子的生活。

荣誉的至高地——伦敦大学

巴顿没有辜负母亲的良苦用心，学习十分刻苦勤奋，以优异的成绩获得了大学的奖学金。但他的求知欲太强了，买的书太多了，奖学金全花光了还不够用。于是，母亲经常掏钱为儿子买书，尽管这时的家境已不像丈夫在世时那么宽裕。

巴顿仅用4年就学完了大学和博士研究生的全部学业，在24岁那年获得了化学博士学位。这时候，他对化学理论的基础研究产生了浓厚的兴趣。

第二次世界大战

领域精英

走进科学的殿堂

第二次世界大战爆发了，巴顿应征入伍，在英国陆军情报部门的研究机构工作。他曾用挥发性很强的樟脑研制出一种密写铅笔，供特工人员传递情报之用。战后，他曾在一家化学公司从事有机化合物方面的研究。但对于这些实用技术方面的研究工作，他并没有产生多大的兴趣，他向往的是基础科学的理论研究。

巴顿回到了大学校园，从事教学与研究。30岁时，他获得了第二个博士学位，学校方面打算提升他作教授。但为了实现自己的理想，巴顿却毅然放弃了这一难得的机会，选择了到美国哈佛大学去进行研究和深造。此后，他的研究很快取得了进展。他建立了一整套使用构像分析的方法进行化学研究的理论，为发展立体化学作出了突出贡献，今天差不多在化学的任何一个分支学科的研究中都离不开构像分析。巴顿的发现具有极其重要的实际应用价值，他被人们誉为"构像分析之父"，并因此获得了1969年的诺贝尔化学奖。

领域精英

荣誉的至高地——伦敦大学

曾经没有目标的科斯

科斯毕业于伦敦大学，1951年获伦敦大学博士学位，1991年获诺

领域精英

诺贝尔经济学奖奖章

走进科学的殿堂

贝尔经济学奖。其主要著作有：《企业的本质》、《边际成本争论》、《英国广播业：垄断研究》、《联邦通讯委员会》、《社会成本问题》、《经济学中的灯塔问题》、《企业、市场与法律》、《财产权利与制度变迁》、《论生产的制度结构》。

科斯出生于 1910 年 12 月。更精确地说，是 12 月 19 日下午 3 点 25 分，地点是伦敦近郊的威尔斯登。科斯是家中的独子，父亲在邮局担任电报员，母亲婚前也在同一地方任职。虽然双亲都在 12 岁之后即辍学，但却极有教养，只是他们对学术工作一无知悉，同时也不感兴趣。科斯的志趣一直都是在学术研究方面，但在他成长的过程中，对学者的生涯感到懵懂，也无人指导阅读，因此无从分辨严谨的学者与浮夸的术士。尽管如此，科斯还是从两件事由双亲处获益良多。其一是，双亲虽不能和他共享志趣，但一直支持科斯去做自己想做的事。此外，母亲教导科斯要诚实与真诚。奈特曾说："科学的基本原则是真实或客观，本质上就是道德的原则。"科斯全心尊奉母亲的教诲，相信对自己的工作意义重大。科斯一贯的目标是要理解经济体系的运作，要掌握真理，而非一味地支持特定的立场。在批评别人的时候，他总是试着了解他们的立场，以避免产生误解。对于不劳而获的成果，个人一向没有半点乐趣。

年幼之时，科斯因腿疾必须穿上铁鞋行走，因此他上的是残疾学校。学校的主管单位同时也管理另一所供心智障碍者就读的学校，因此科斯怀疑两所学校间有些课程是相通的。他对在学校的所学不复记忆，只记得一阵子学过编篮子，只可惜这门有用的技能科斯却没有学好。

在伦敦，小孩通常在 11 岁时参加中学的入学考试，但可能是因为科斯就读于残疾学校的缘故，所以错过了考试。在双亲的争取下，科斯

荣誉的至高地——伦敦大学

得以在 12 岁那年参加考试，并获得基尔本中学的奖学金。学校的师资优秀，他也在正规课程上接受了扎实的教育。1927 年，科斯通过了大学先期入学考试，其中历史与化学两科成绩优异。他又在中学待了两年，为伦敦大学的中级考试作好准备。这段期间的课程，相当于大学一年级所修习的科目，所以他必须决定主修的科系。当时，科斯的第一志愿是历史，但是后来他发觉要取得这方面的学位，必需通晓拉丁文。由于科斯上中学晚了一年，同年纪的同学已念了一年的拉丁文，所以他被分到科学组。因此，科斯只好转到另一个表现优秀的科目，主修化学。不过后来科斯发现自己不喜欢数学，而这又是所有科学学位的基础，所以他只有再度变更主修的科目为商业。

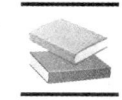

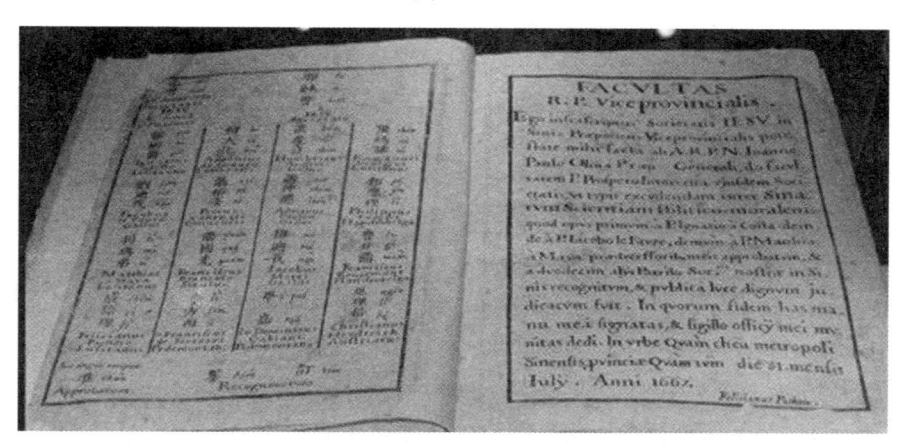

《中庸》首份拉丁文译本

现在回想科斯这一段人生插曲时，我们归结他之所以讨厌数学，是因为只学了数学公式和运算过程，却不了解其中的意义。假如科斯早一点读到汤普生的《轻松学习微积分》，该书对各项运算的意

走进科学的殿堂

义有清楚的解说，或是中学的数学课程也采取同样的教法，那么他很可能会继续攻读科学的学位。不过，还好并非如此，否则科斯大概只能当一位平庸的数学家，绝对成不了第一流的科学家。他开始准备伦敦大学商学士的中级考试（除了基尔本中学并不教的会计学必须透过函授自修）。虽然科斯对这些商学科目仅具备粗浅的知识，但科斯还是通过了考试。到了1929年18岁时，科斯前往伦敦经济学院继续商学士的课程。1930年，他通过最终考试的第一部分。至于第二部分的课程，科斯决定选修产业组，据称是培养工厂经理人的课程，不过大学对自己课程的说辞并不可尽信。他就在对这些都不了解的情况下，做了改变一生命运的选择。

背靠大山的开普敦大学

1930年普兰特受聘为伦敦经济学院的商学教授（特别是企业管理方面），之前，普兰特曾在南非的开普敦大学担任类似的职务。科斯选修产业组的那年，普兰特刚接掌这一组。1931年，在产业组课程结束前五个月左右，科斯参加了普兰特主持的研讨课程，给他带来莫大的启示，普兰特引导他认识亚当·斯密的"看不见的手"。虽然科斯在伦敦经济学院所上过的一些科目和经济学有关，但他从未修过经济学。在普兰特的教诲之下，科斯了解生产者会相互竞争，结果提供了消费者最需要的产品。普兰特进一步说明，整个经济体系是透过价格体系的运作来协调。而那时科斯信仰社会主义，这些观念对他堪称为新奇。1931年，科斯通过商学士学位最终考试的第二部分。

由于科斯是在基尔本中学修习大学一年级的课程，而伦敦经济学院规定必须在该校待上三年才能授予学位，因此科斯必须决定第三年要修习的科目。之前在第二部分的课程中，他个人最感兴趣的是产业法，因此他曾想利用这一年专攻产业法。然而，应该是在普兰特的帮助下，科斯获得了伦敦大学1931—1932年的卡塞尔爵士游学奖学金。那一年科斯在普兰特指导下工作，那段期间也被伦敦经济学院认可为在校修习。

修完商学士的课程，科斯对会计学、统计学以及法律已有一些了解。虽然，他在伦敦经济学院未曾正式选读经济学课程，但自己对经济学还是有了一点认识。他参与普兰特的研讨课程颇有所获，也和同样选修产业的朋友佛勒一起讨论经济问题。那时的伦敦经济学院规模不大，科斯认识了一批专攻经济学的同学，彼此相互讨论，特别是维拉·史密斯，也就是后来的维拉·卢兹、勒纳、艾得堡等人。像科斯这样未受过正规训练而踏入经济学的世界，事后证明反而占了便宜。由于未经正规

走进科学的殿堂

的思考训练，让他在处理经济问题的时候，有了更大的自由发挥空间。

在伦敦经济学院修习商学士的最后一年，科斯刚巧能碰上普兰特来此执教的第一年，实在是非常幸运的一件事。而能在次年荣获卡塞尔游学奖学金，又何尝不是另一桩幸运的事。可没多久还有更特殊的际遇。1932 年，科斯进入就业市场，那一年正值经济大恐慌以来最差的年份，伦敦经济学院毕业生找不到工作的比比皆是，但科斯却无此困扰。整个事情的经过是这样的：1931 年，黄麻工业界巨子波那捐助经费，在贝佛里基爵士和其他伦敦经济学院人士的建议下，于丹迪成立了一所经济与商业学校，主要目的是训练有志投入企业界的学生。高层人员 1931 年时已经聘好，而较低层的人事则在 1932 年才决定，这正是他毕业找事的那年。现在回想起来，虽然科斯当时的经历并不出色，但对这个职位可能比大多数经济研究所的毕业生还更为适合，他在 1932 年 10 月受聘为丹迪经济暨商业专校的助理讲师。要不是该校在 1931 年成立，科斯真不晓得自己要作些什么。结果各项发展都配合得恰好，而他也就按部就班地演化成为经济学者。

科斯负责的三门课都在 10 月份开课。至于那时他是怎么做到的，他自己现在也无法想像。另一位助理讲师布拉克曾经形容，当科斯来到丹迪的时候，整个脑袋装的都是有关厂商的概念。幸运的是，有一门课是"企业组织"。科斯在一封写给好朋友佛勒的信中，描述了自己在第一堂课所讲述的内容，这些素材日后成为《厂商的本质》一文的主要论点（1991 年瑞典皇家科学院在提及得奖理由时，曾经特别提到他的两项著作，这是其中之一）。1932 年科斯根本想不到那些观念以后会受到如此重视。他非常喜欢这门课，所以他在给佛勒的信中描述了课程

领域精英

后，接着表达了个人很大的满足感："（我想）对这门课来说，我采用的是全新的教法，所以我觉得极为满意。有一点我感到很自豪，这些全都是由我一个人构思出来的。当年我只有 21 岁，阳光从未停止照耀。"就如科斯在诺贝尔奖的得奖演说上所说的。

在丹迪任教期间，科斯开始阅读经济学的文献——包括亚当·斯密、巴贝基、杰文斯、魏克司悌德、奈特等人的著作。布拉克在为《社会科学国际百科全书》上撰写科斯的生平介绍时，形容他在那段初出道的时期，态度"坚定得令人惊讶"。"他心目中的经济学，不但要能处理真实世界的问题，而且手法还要精确。大部分的经济学者如果能够达到这两目标中的一项，就感到非常满意了。但持平来说，科斯发现自己在经济学研究上的突出之处，就是同时达到了这两项目标。"不管自己是否真的成功，布拉克确实是说中了科斯在经济学研究中一贯的目标。他把这一切归诸于自己并非一开始就主修经济学，而是先接受商科教育，因此，在开始展开经济学研究时，科斯是希望以此来了解真实世界发生的事情。

然而，科斯并没有自外于经济学之外的世界。1933 年，钱伯霖的《垄断性竞争理论》以及罗宾逊夫人的《不完全竞争经济学》相继出版。这两本书在经济学界激起相当大的波澜，他也和其他人一样卷入其中。当时仍在丹迪的科斯写了一篇论文，采用罗宾逊夫人的分析方法来检验钱伯霖所讨论的问题。该文发表于 1935 年。

在丹迪任教期间，科斯在放假时会到伦敦经济学院。大部分的时间他都和佛勒讨论一些经济学的问题，当时佛勒已是伦敦经济学院的助理讲师。有一个问题令他们非常感兴趣，那就是许多经济学者相信，生产

走进科学的殿堂

者在决定产出时，是假定目前的价格与成本在未来会维持在同样的水平。有人提出证明，假如生产者是按照这种方式来运作，将会导致价格与产量的波动（这就是卡尔多提出的"蛛网理论"）。一般认为蛛网理论的典型例子，是英国养猪产业的循环周期。后来，他们作了一项统计研究调查，结果一如他们所猜想，英国的养猪业者并没有假设目前的价格会在未来维持不变。当价格高得异常时，他们预期价格会下跌；而当价格低得离谱时，他们预期未来价格会上扬。

领域精英

利物浦大学

1934年，他受聘为利物浦大学的助理讲师，教授银行学及财务学，这是他几乎不曾接触过的两门学科。更重要的是，到了1935年时，伦敦经济学院聘他为经济学的助理讲师，他的主要工作有三个方面，一是

荣誉的至高地——伦敦大学

教授垄断理论（接替转到剑桥大学的希克斯）；二是协助企管系的普兰

第二次世界大战

特教授；三则是担任公用事业经济学的课程接替已前往南非的巴特森。有关垄断理论的课程，这些对于科斯而言并没有特别的困难。1937年，他发表了一篇名为《有关垄断理论的几点注解》的文章，其中有些观念就是来自这门课程。

科斯个人主要的研究，还是和他所教的公用事业课程有关。科斯很快就发现，那时英国对公用事业的了解几近于零，因此他对自来水、瓦斯、电力等产业，尤其是邮政与广播事业进行了一系列的历史研究。1934年，科斯撰写了《厂商的本质》一文的草稿，把自己1932年的讲课内容作有系统的陈述。科斯到伦敦经济学院后，把这篇草稿作了一些修改，投稿到《经济学期刊》，并在1937年刊登出来，当时这篇文章并没有引起注意。

1939年9月，第二次世界大战爆发，英国正式宣战。1940年，科斯被任命为林业委员会（负责当时英国的木材生产事宜）统计处处长。1941年，再转往隶属战时内阁办公室的中央统计办公室，负责军需物资的统计工作——包括枪支、坦克及弹药等项目。直到1946年时，科斯才回到伦敦经济学院。这六年的公职生涯，对他个人成为经济学者的演化过程并没有任何作用，恐怕只是更坚定他对经济学的信心和爱好吧！

就在科斯回到经济学院时，他负责的科目变成经济学原理，这是对

芝加哥大学

主流经济学说作传统性的解说。1946 年，他发表了《相互关联成本与需求下垄断厂商之订价》，主要是以战前讲授独占课程的资料为素材。同年他还发表了《边际成本之论争》，这篇文章可以显示出科斯对经济政策的研究方法和当代大多数经济学者独特之处。

1950 年，科斯出版了《英国的广播：垄断事业的研究》这本著作。1951 年，科斯移民美国。促成他作成这项决定的原因。一方面是对社会主义化的英国的未来缺乏信心，另一方面是他喜欢美国的生活（科斯曾在 1948 年在美国待了一段时间，研究商业广播系统的运作），再加上科斯对美国经济学者十分仰慕。在老一辈的经济学者中，科斯最尊敬奈特，而和他同辈的学者中，则属史蒂格勒。到了美国后科斯所执教的学校是布法罗大学。1958 年，科斯转往弗吉尼亚大学执教；到 1964 年，他又受聘为芝加哥大学教授。

刚到美国的时候，因为自己曾接触过英国、加拿大以及美国的广播事业，于是科斯决定对广播经济学作深入的研究。基本上，那也是持续他在伦敦经济学院的研究，科斯也搜集了相当多的相关资料。由 1958 年到 1959 年的一整年，他都在斯坦福大学的行为科学高级研究中心度过。在那段期间，科斯写了一篇名为《联邦通讯委员会》的文章，刊载于《法律与经济学期刊》。这篇文章的发表，产生了巨大深远的影响和意义。

走进科学的殿堂

营养学领域开拓者霍普金斯

弗雷德里克·高兰·霍普金斯1861年6月20日生于英格兰，1947年5月16日逝世于剑桥。他是1929年诺贝尔生理学医学奖的获得者。

英国伊斯特本海边

1890年，霍普金斯获伦敦大学理学学士学位，1894年获伦敦大学医学学士学位。其主要著作有《霍普金斯与生物化学：1861—1847年》、《人工饮食》。

霍普金斯出生在英格兰的伊斯特本，在他出世不久，他的父亲无情地被病魔夺走了。在失去父亲的日子里，霍普金斯总是一个人傻乎乎地游戏着，他母亲也没有时间管教他。高中毕业后，他就参加了工作。

由于霍普金斯只有高中文化程度，在参加工作过程中，也没有突出的业务能力，他只好经常变换工作。

记得有一次，他到了一家新的单位化验公司，出于工作上的需要，他不得不上夜大学习有关专业知识，不然的话，工作只好再换了。也许正是这家公司的要求，帮助了霍普金斯走了科医学研之路吧！在上夜大学期间，他才感到医学知识是多么丰富，化学反应是如此的微妙，他学习的劲头越来越足，对化学实验越来越感兴趣，很快学得了很多专业性的知识，并以优异的成绩毕业了。1894年，他在伦敦盖伊医院工作，任化验助手。在医院工作期间，为了工作，也深感取得医师资格的重要性。他在28岁时再次进医科大学学习，在医科大学学习期间，像他这样的年龄算得上比较大的了。然而，他比那些小弟弟、小妹妹更用功、更努力。学习期间，他从不因为年龄比较大而早退或迟到，总是及时地出现在课堂上，认真地完成各科课程，就像刚刚入学的小孩子，极其投入。一份耕耘，一份收获，霍普金斯终于成为一名合格的医生了。

这个世界是公平的，时间是最公平的，赋予了你不幸，也赋予了你的幸福。

也许是艰苦的生活给他的一种回报，已取得了医师资格的霍普金斯，他对营养学产生了浓厚的兴趣。他充分利用自己当医生前做实验助

走进科学的殿堂

手掌握的技术，查明了动物仅靠三大营养素是不能生存的，还必须有一些微量元素的补充，即现在众所周知的维生素，他决定做"人工合成饮食"实验。

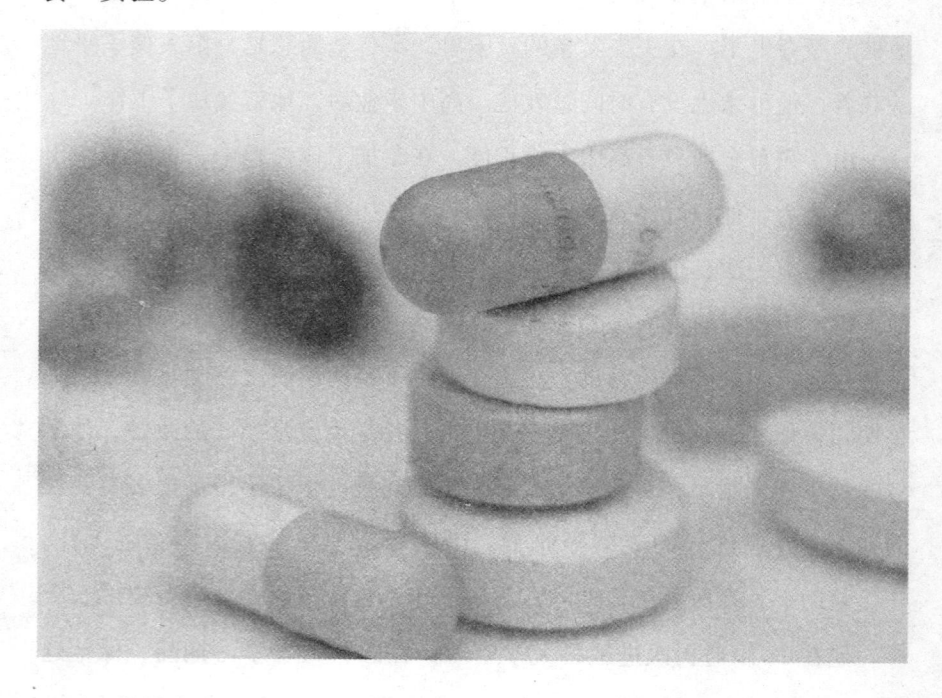

维生素

就在霍普金斯做"人工合成饮食"实验时，全世界的生理学领域的专家学者们对维生素引起了极大的关注。霍普金斯发现用合成饲料喂的白鼠体重在减轻，但在饲料中加上牛奶，老鼠的体重便有所恢复。这是为什么呢？霍普金斯苦苦思考着。与此同时，铃木梅太郎博士等其他研究员也得到了与此相同的研究结果，但他们之间的研究目的是不一样的，结果或者说目标最后肯定也是不一样的。霍普金斯博士的研究是为

了营养学，而铃木梅太郎等的研究仅仅是为了找到治疗脚气病的物质。

今天我们说，霍普金斯博士的研究工作，在营养学领域具有开拓性的意义。或者说具有一种划时代的意义，甚至可以说，是一种创造性的研究。

时间＋苦难＋努力＝成功的霍普金斯，我们无可辩驳，世人做了证明，时间是长着眼睛的。

1929 年，霍普金斯迎来一生中最耀眼的时刻，诺贝尔奖评委会决定，将诺贝尔生理学医学奖授予霍普金斯。

诺贝尔生理学医学奖奖章

在中国有一句古话："吃得苦中苦，方为人上人。"如果形容霍普金斯一生的际遇不是非常贴切的话，那么有一首歌中这样唱道："不经

走进科学的殿堂

风雨，怎么见彩虹，没有人能随随便便成功……。"这一描述应该比较恰当吧！

霍普金斯的主要贡献是 1912 年提出维生素学说。1753 年，詹姆斯·林德已经证明坏血病是由于膳食中缺少水果而造成的。弗雷德里克·霍普金斯证明了其他的"附加食物因子"——他是这样称呼它的，也是必需的。

1906 年，霍普金斯用两组年幼的大鼠做实验。他给每一组喂由酪蛋白、猪油、淀粉、糖和食盐组成的人工膳食，当时人们认为这种膳食含有保持健康和生长所必需的成分。一组还添加一点牛奶，它们都正常地生长，然而另一组却没有生长。霍普金斯总结到：人在成长过程中，"作用惊人的微量"特殊物质是人体成功地利用蛋白质和能量维持人体生长所必需的。

霍普金斯本人进行了一次次尝试，精神上几乎崩溃，还是没有办法分离出这种特殊的物质。许多年后，经过几位不同学科科学家的研究才达到了这个目的，不过霍普金斯因参与维生素的发现工作而荣获了 1929 年度诺贝尔生理学或医学奖。维生素一词首先为波兰化学家加西米尔·丰克所使用，他把"维持生命所必

霍普金斯

需的胺"的缩写作为它的名字，丰克错误地认为所有的维生素都是氨的化合物，佝偻病和坏血病都因缺乏某种维生素而引起的。

　　为了纪念霍普金斯，英国生物化学会于1958年设立了霍普金斯奖章，每两年颁发一次，用来表彰生物化学领域中取得杰出成就的生物化学家。这项奖励对获奖人的国籍、居住地等不作特别限制，世界各国的生物化学家都有获奖资格。奖品包括一笔100英磅的奖金和一枚奖章。在颁奖仪式上，获奖者还需发表一篇有关生物化学领域最新进展的演讲报告。

　　霍普金斯奖章以英国生物化学家弗雷德里克·高兰·霍普金斯的姓氏命名，是为了纪念他在生物化学领域所作出的杰出贡献。

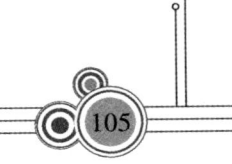

走进科学的殿堂

战胜一切的犹太人卡茨

领域精英

　　伯纳德·卡茨 1911 年 3 月 26 日出生于德国莱比锡，1934 年获莱比锡大学医学院医学博士学位，1938 年获英国伦敦大学哲学博士学位。1946—1978 年，卡茨在伦敦大学任教。在伦敦大学，1950 年他任高级

莱比锡大学

讲师，1952年便晋升为教授。1970年，卡茨获诺贝尔生理学医学奖。他的主要著作有：《神经电刺激研究的回顾》、《细胞如何通讯》、《神经、肌肉与突触》、《神经传递介质的释放》。

卡茨是在24岁时，也是他毕业后的第四年离开家乡来到英国的，此时的卡茨已是学有所成的年轻学者了。他凭着自己的知识和才能，设法申请到了英国伦敦大学的研究项目。一到英国，他就去拜访希尔教授，希尔教授非常热情地接见了这位名不见经传的年轻人。他们一个讲德语，一个讲英语，在这种奇特的交谈中，他们相互理解，产生了心灵的共鸣。卡茨得以留在希尔的身边，从事自己所做的肌肉与神经组织方面的学习和研究。

卡茨后来铸就了自己在生理医学事业上的辉煌，成绩由来并非一帆

国际象棋

走进科学的殿堂

风顺。首先，他不可逃避的阻力就是他是一个犹太人。虽然社会给予他不公平，但是他却能直面人生。

在夏日夕阳的映照下，哥特式教堂那高耸的尖顶显得金碧辉煌，小巷的石板路也如同金色的鱼鳞一般。德国莱比锡街头的一家小饭馆里，在临窗的一张桌子前，两个大学生模样的年轻人正在全神贯注地下着国际象棋，不时传来小声说笑的声音。

快到下午6点钟了，不过还没有到当地的晚饭时间，饭馆里的顾客还不多。饭馆的伙计们看着这俩年轻人，窃窃私语：

"这两个人中午就来了，只要了两杯咖啡，一直坐到现在。好几天了，他们每天都是这样。"一个伙计疑惑不解地说。

"都像他们这样，咱们的生意还做不做了！"另一个带着埋怨的口吻道。

"那个年纪轻的，好像是个犹太人，把他轰走吧。"

"不能轰。另一个长着金黄头发的，像是咱们日耳曼人。"

此时，太阳已经靠近了西边的地平线，饭馆里的顾客开始多了起来。两个年轻人又下完了一盘棋，"三比二，今天你输了。天色不早了，卡茨，咱们该走了。"长着金黄头发的年轻人站起身来说。

被叫作卡茨的年轻人好像还不太服气："明天咱们接着下，那时你就没有这么好的运气。"

有说有笑地两个年轻人出了饭馆。"一个日耳曼人怎么和一个犹太人这么亲热？"街上的一些行人以一种奇怪的眼光看着他们。

来到一个路口，两个人年轻人互相道别后，各自朝着不同的方向走了。与朋友分手后，卡茨脸上的笑容消失了。他低着头，脚步沉重。天

领域精英

荣誉的至高地——伦敦大学

上的彩云是那样的绚丽，尽管路灯还未亮起，街道上依然很明亮，然而，卡茨的心里却沉重得已如同压着一团浓浓的乌云，他喘不过气来。

伯纳德·卡茨确实是一个犹太人。他的父亲原是俄国人，在19世纪80年代沙皇俄国发生大规模迫害和屠杀犹太人事件后，流亡到了德国。但父亲没有想到，德国也存在着严重的民族歧视情绪，特别是排犹倾向。

二战中犹太人集中营

卡茨的父亲是一个办事认真、性情温和、与世无争的人，曾利用莱比锡地处东欧贸易中心的便利条件做过毛货生意，但他的性格和处境却决定了他不可能成为一个成功的商人。也许正因为如此，母亲对唯一的儿子寄予了愿望，希望儿子将来能另干出一番事业来。卡茨的母亲虽然没有多少文化，但她深知教育对寄予极大愿望的儿子来说，是至关重要的。所以，只要她有空闲时间，就把小卡茨叫到跟前，讲她所看到的、听到的趣闻故事，在讲这些故事时，总要说一些做人的道理。所以小卡茨从小在母亲的教导下，特别懂事，而且学到一些知识。

尽管卡茨从小学习成绩就十分优异，但他的求学之路却远非一帆风顺。德国当时的教育制度是小学 4 年、中学 9 年。卡茨 10 岁了，面临着中学入学考试，他对自己抱有极大的信心，学习成绩那么好，没有理由考不上名牌中学。不料公布的入学者名单中却没有他的名字，卡茨以为自己看花了眼，又仔仔细细看了一遍。没错，的的确确没有他的名字！这怎么可能呢？正当卡茨百思不得其解时，父亲收到了校长的来信，说卡茨"考试成绩非常好，但考虑到来自其他考生的压力，我校没有理由接纳外国人"。父亲默默无闻，母亲流泪不止。可怜的小卡茨虽然是在德国出生的，母亲也是地地道道的德国人，但由于卡茨是犹太人，没能取得德国国籍，而这竟成为他求学路上的一块绊脚石！无奈，荣登考试成绩榜首的卡茨只得进入一所私立学校。入学事件在卡茨幼小的心灵里留下了一道难以抹去的阴影，他真切地感受到了社会的不公。获得诺贝尔奖后，卡茨回忆当时的情形，禁不住流下了眼泪：我那时成绩特别优异，每考试我都得全班第一名。老师，同学特别喜欢我。在中学入学考试那天，我心情特别激动，因为我相信我一定能考上名牌中学。如果考不上的话，我母亲肯定会失望的，所以在考场上我非常地认真，可……最后，我才得知我没有国籍，学校不接受！母亲当时非常伤心，只是不停地掉泪，父亲默默地坐在那儿，那时我才 10 岁，虽然不太明白为什么学校不接受我，但我一看父母的样子就知道了……

没有多久，苏维埃社会主义联盟共和国于1922年12月30日宣布成立，父亲未能取得苏联的国籍，母亲则因与犹太人结婚也失去了德国国籍。卡茨一家成了没有国籍的"黑户"，能说明他们身份的只剩下"犹太人"3个字了。

所幸的是苦中也还有乐。卡茨上的中学虽不是他的第一志愿，但教授历史、拉丁语、希腊语和哲学的老师都十分优秀。小卡茨徜徉在知识的海洋里，如醉如痴。由于卡茨学习成绩优异，9年制的中学，卡茨只上了8年就毕业了，因为他跳了一级。

苏维埃社会主义联盟共和国国徽

跳级后，卡茨与一位国际象棋好手成为同桌。这位同桌虽然是纯粹的日耳曼人，但并不因卡茨是犹太人而影响了他们的友谊。两个小伙伴

走进科学的殿堂

经常在一起下棋。开始时卡茨不是他的对手，但渐渐地俩人开始难分伯仲了。越是这样，俩人也就越较劲，彼此都想战胜对方。他们急切地盼望着下课，一下课便迫不及待地摆上棋盘杀将起来。但课间休息那短暂的时间却往往难以让人尽兴，有时上课了俩人还在你来我往地运子。放学后，他们又到一家摆放着国际象棋棋盘招揽顾客的小饭馆，要一杯咖啡，然后开始下棋，经常一下就是四、五个小时。就这样，他们俩从课下下到课上，从校内下到校外，从中学下到大学……

不和同学下棋时，一种空虚的感觉，使他常常转辗难眠。

领域精英

莱比锡大学图书馆

终于有一天，卡茨大彻大悟：下棋只能一时忘却苦恼，并不能使他

真正摆脱艰难的处境，这实际是一种逃避现实的表现。要想改变命运，唯有靠自己的努力。于是，他下定决心不再下棋了。卡茨是个意志坚定的人，尽管下棋曾给他带来过很多欢乐，但在那之后的大学生活中，他竟再也没有摸过棋子。

他把全部的精力都投入到了学习中，他要通过知识改变自己的命运。在中学时，除了数学，他没有学过任何其他一门与科学有关的课程。进入莱比锡大学医学院后，大学开设的基础科学课为他展开了一片全新的天地。他感觉到了自然科学的神奇魅力，他开始拼命地学习。仅用5年，他就完成了从大学到博士研究生的全部学业。在学习过程中，卡茨对当时生理学研究最前沿的神经刺激机制发生了浓厚兴趣，开始从事神经生理学领域的研究。

卡茨因完成的医学论文得到了高度评价而获得了医学博士学位，但这个成绩并没有让他高兴多久，两年后纳粹窃取了德国政权，希特勒任德国总理。纳粹政府开始从大学、研究所等机构解雇犹太人，就连爱因斯坦这样杰出的人物也被迫流亡国外。卡茨刚刚毕业，他根本不能为普通德国人看病。这时，纳粹党徒抄砸犹太人的商店，焚毁犹太人的著作。一场更加凶猛的暴风雨即将到来，乌云压得人透不过气来。卡茨深感苦闷，忧心如焚，痛苦不堪。

此时，卡茨偶然在一本英国杂志上发现了一封被纳粹新闻检查官漏检的公开信。这封信是由英国著名生理学家、1922年诺贝尔生理学和医学奖得主希尔教授写的，希尔教授在信中对纳粹政权迫害自己在德国的过去的研究伙伴提出了强烈抗议。希尔教授的信不但使卡茨进一步看清了纳粹的嘴脸，还使卡茨在黑暗中看到了一线光明，他决定采取行

走进科学的殿堂

动：离开德国！他来到了伦敦大学后，生理学家希尔教授不仅在学习和研究上给了卡茨尽可能的帮助，而且从生活上关心这个远离祖国和父母的年轻人。他把卡茨当作儿子一样看待，经常邀请他到自己家中做客，为他消除孤独与寂寞，使他体会到家庭的温暖。卡茨几乎不敢相信自己竟会交上如此好运。在希尔教授的关怀与照顾之下，卡茨终于摆脱了缠绕心头多年的"梦魇"。"我简直成了希尔博士家庭中的一员。我得到的决不仅仅是研究的场所，我获得的是新生。"他发自肺腑地说。

1939年，就在第二次世界大战爆发前的一个月，卡茨将父母接到了英国，一家人团聚了。但伦敦大学为他提供的职位和薪金不足以维持一家人的生活，同时纳粹军队正在横扫欧洲大陆，战火眼看就要烧到英伦三岛了。卡茨有些担心起来……

历史的使然，上帝的恩惠。恰在此时，澳大利亚生理学家埃克尔斯邀请卡茨到悉尼医院生理学实验室合作进行神经生理学的研究。为了生计，也为了躲避战火，1939年卡茨携父母前往澳大利亚。3年后，卡茨一家取得澳大利亚国籍，终于结束

第二次世界大战

了多年无国籍的历史。4年后，他因与英国姑娘玛格丽特·彭丽结婚，加入了英国国籍。

也许，和平时代远远未到，没有多久，太平洋战争爆发了。澳大利亚作为英国和美国的盟国，也加入了反法西斯同盟国的行列。卡茨加入了澳大利亚军队，成为皇家空军的一名雷达技术军官，参加反法西斯战争。在战争中，他充分发挥自己的聪明才智，时时刻刻想着，信息越准确，越能帮助制定更周全的作战计划，才能尽快结束战斗。由于他在战争中作出了巨大的贡献，得到有关部门的奖励。

二战结束后，卡茨从军队退役，立即与妻子一起回到英国，重新加

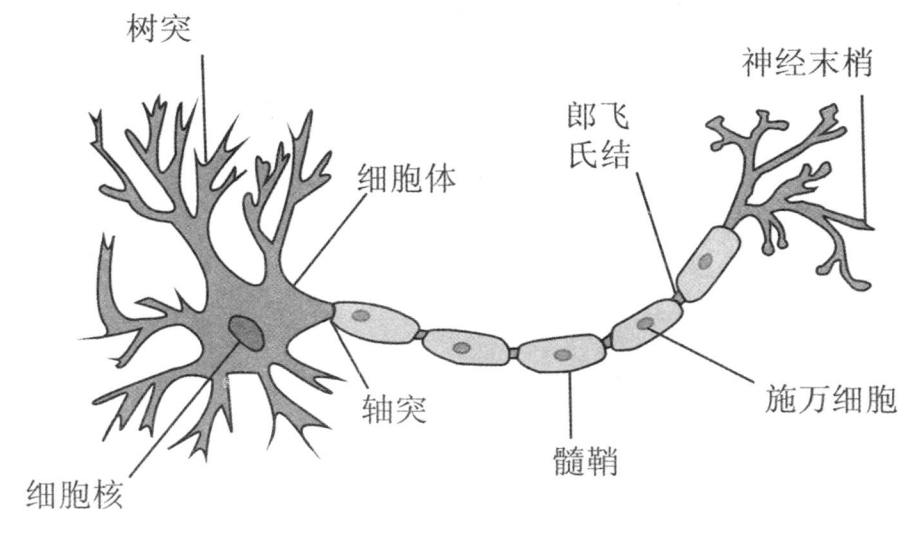

神经结构

入给他留下温馨记忆的希尔实验室。希尔教授像迎接久别的游子一样，张开双臂拥抱了卡茨。此后，卡茨继续进行关于神经刺激和传导原理的

走进科学的殿堂

研究，并取得了一系列重要的研究成果。卡茨等人的研究阐明了神经肌肉接点的传递机理，发现了神经传递的化学介质。这在神经生理学的发展上具有重要意义，并且促进了脑科学的研究。他因此而荣获1970年诺贝尔生理学及医学奖。

卡茨的一生际遇告诉我们：当你身处逆境，当厄运向你袭来，你不能沉溺于一时的消极欢娱，更不能逃避现实，只有勇敢直面现实。

卡特一生与伦敦大学结下了不解的情缘，伦敦大学给了他事业和人格上的平等与支持。在伦敦大学的任教生涯，是他对伦敦大学的回报。

领域精英

荣誉的至高地——伦敦大学

青霉素的发现者弗莱明

亚历山大·弗莱明1881年8月6日生于苏格兰艾尔夏郡的洛奇

领域精英

亚历山大·弗莱明

走进科学的殿堂

菲尔德农场，1955年3月11日逝世于英国伦敦。他是1945年诺贝尔生理学医学的奖获得者，其主要著作有：《洒尔佛散在治疗梅毒中的应用》、《在分泌物和组织中发现的一种引人注目的溶菌物质》、《论青霉素培养物的抗菌作用及其在分离B型流行性感冒中的特殊作用》、《青霉素：它的发现、发展及在医药和外科领域中的应用》、《化学疗法的昨天、今天和明天》。

弗莱明因为家境状况，并没有实现进入伦敦大学读书的梦想。但是，1906年他获得了伦敦大学医学博士学位。伦敦大学对他的突出表现和贡献给予了肯定，他对伦敦大学怀有深深的敬意，伦敦大学将他视为本校的骄傲。

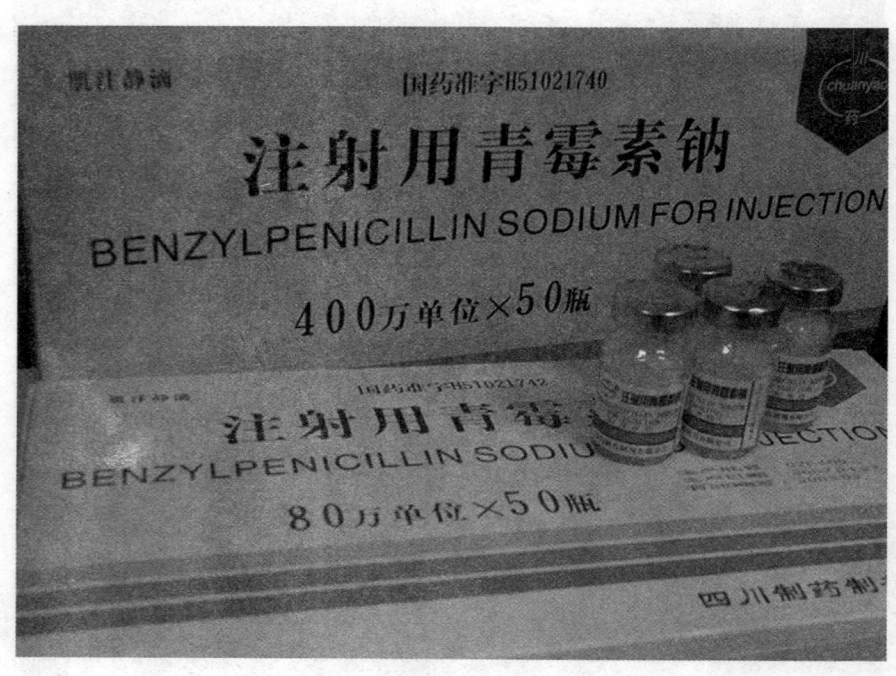

青霉素

荣誉的至高地——伦敦大学

一说起青霉素，对于现在的人来说，大概除了青霉素过敏者之外，几乎都用过它。从青霉素用于临床至今的短短50多年间，它到底拯救了多少生命，已经无法统计。它到底对人类的健康作出了多大贡献，也已经无法估量。我们只能说，它的出现，是我们人类的福音，它是"上帝"恩赐给我们人类的礼物。这个"上帝"就是来自苏格兰艾尔夏邦的洛奇菲尔德农场的亚历山大·弗莱明。

当弗莱明在洛奇菲尔庄园呱呱坠地时，他的父亲已经60多岁了。当然，留给弗莱明和老爸相聚的日子也就屈指可数了。这对于小弗莱明来说，肯定是有影响的，弗莱明7岁时父亲就去世了，弗莱明对父亲没有留下更多的印象，只依稀记得他坐在火炉边慈祥地摸着自己的头的情景。母亲虽然还年轻，但由于孩子众多，也实在没有过多的精力奉献给每一个孩子。好在兄弟姐妹多也有多的好，至少对于小弗莱明来说并不缺少游戏的伙伴。当大哥哥、大姐姐在庄园里挑起家庭生活的一部分重担时，弗莱明和小哥哥、小姐姐还有弟弟就在庄园内外的原野中尽情享乐。他们在山上设圈套抓野兔，空手在小河中抓鱼，甚至将从鸟妈妈那儿偷来的鸟蛋卖给过路的游客……广袤的大自然永远是孩子们"撒野"和抛洒无穷好奇心的最佳去处，在洛奇菲尔庄园内外的这种无拘无束的玩耍，给弗莱明带来极大的益处，至少培养了他日后从事科学研究所必需具有的敏锐的观察力。

因为父母亲生得孩子多，而且父亲过世，弗莱明一家的生活是相当贫困的。俗话说：穷则思变，思则变通。大概正因为物质上的贫乏，才使他们对外界尤其是大都市的生活充满了向往。他们渴望到外面闯世界，以使自己能比在闭塞落后的农庄有更好的发展。可

走进科学的殿堂

闯世界要有闯世界的资本,他们认为最好的资本就是知识。因此弗莱明一家上上下下都非常重视教育,都对知识充满了渴求。哥哥姐姐是这样追求的,弗莱明也是这么循着哥哥姐姐的脚印走的。那时,离他们庄园最近的一所学校是劳登荒原小学。说是学校,其实整个校园只有一间简陋的房屋。冬天,学校没有取暖设备,学生们就从自己家带来泥煤加热取暖。办学条件是艰苦的,但老师们非常

领域精英

亚历山大·弗莱明

敬业，也非常爱学生。这使得每一位在冰天雪地中冻得缩脖子缩脑袋的求学者心里热乎乎的。

就在弗莱明在基尔马诺克学校毕业时，他的两位哥哥和一个姐姐已经在伦敦立下了足。他们邀请弗莱明去伦敦，一向对大都市向往的弗莱明迫不及待地登上了飞机，欣然前往。在哥哥汤姆的资助下，弗莱明进入一所技艺学校学习。由于基础扎实，再加上天资聪颖，弗莱明竟然创下了一周内连跳四级的记录。仅仅两年时间，他便掌握了技艺学校所能给予他的一切。此时，16岁的弗莱明虽然还想继续学习。但考虑到自己两年来已经给哥哥带来了很大的经济负担，他决定参加工作。就这样，弗莱明当上了一家船务公司的小职员，做起了记帐这份差事。这一工作对于聪明的弗莱明来说，实在太单调乏味了。为了调剂生活，他加入一支义勇队，成了一名出色的射击手和水球手。那时，他们经常和圣玛利医学院的水球队进行比赛，与圣玛利医学院水球队比赛的经历，注定了弗莱明此生离不开医学了。

弗莱明的一个单身却富有的伯父去世了，这对于正在小职员岗位上尽心供职的弗莱明来说，简直是天上掉馅饼。他给亲戚们留下一笔财产，弗莱明分得了250英镑。250英镑，这在当时可不是一个小数目，弗莱明欣喜若狂，心想，可以利用这笔钱上学读书了。可该上哪所学校呢？没有目标的弗莱明犯了愁。这时，哥哥汤姆再次伸出了援助之手，他建议弟弟也像自己一样从医。对于经济基础不够雄厚的人来说，从医是个收入稳定的不错的行业。弗莱明的两个哥哥都走上了这条道路，并且干得不错。两个姐姐嫁给了医生，日子过得也挺不错。基于这个原因，弗莱明就听从了哥哥的建议，决定学医。而在选择医学时，尽管有

走进科学的殿堂

好几所相当不错的医学院可供他选择,但弗莱明却选择了不怎么出名的圣玛利医学院,仅仅因为他曾经与该院的水球队交过手吗?其中的原因谁也说不清。

经历了半个多世纪的圣玛利医学院,已经有点破败不堪。这儿的设备陈旧,房间又暗又脏,并且还面临着严重的财政危机。但学院预防接种部的病理学教授亚尔诺斯·莱特却是一位非常杰出的人物,是他首先开创了用死菌制成疫苗来预防传染性疾病的先例。受他的鼓舞,学生们的学习兴趣很浓厚,弗莱明也是如此。但当时他尽管非常仰慕莱特教授,却并没打算也像莱特那样做一个细菌学家,因为相对于医生来说,细菌学家的收入太少了,日子是要过的呀!弗莱明最感兴趣的是外科,外科医生的收入不错,弗莱明认为自己有一双敏锐的眼睛,还有一双灵巧的手,绝对是一块当外科医生的科,有什么东西能阻挡他成为一名出色的外科医生呢?没有!况且他已经通过了皇家学院外科医师的初级考试,弗莱明就是这样的自信。

弗莱明毕业后,曾在莱特手下工作的一个叫约翰·弗里曼的射击爱

弗莱明在做试验

领域精英

荣誉的至高地——伦敦大学

好者十分钦佩他的射击技术，他想如果能使弗莱明参加他们的射击队的话，那么他们就肯定能在亚尔密杯赛上获胜。弗里曼鼓动他的三寸不烂之舌，怂恿弗莱明去争取莱特部门的一个助理职位，如果弗莱明留在莱特的部门，那么他自然会成为他们射击队的一员。弗莱明听从了弗里曼的建议，决定到莱特的预防接种部门工作。

两年之后，弗莱明通过了皇家学院的最后一次外科考试。外科医生的职业在向他招手，然而此时的他对外科职业的向往已经被从事细菌学研究的兴趣所淹没了。至于挣钱的多少，他已经不再考虑了。

弗莱明

1928年某一天，弗莱明一边工作，一边和一位同事有一搭没一搭地闲聊着。突然，他的眼光停在了一只过期的培养皿上，这只金黄色葡萄球菌培养皿的盖子没盖好，空气中的霉菌潜入使培养基发霉了，长出了一团青绿色的霉花。东西发霉这本是一种非常常见的现象，人人都见过无数次，实在不足为奇。但有着敏锐观察力的弗莱明却注意到一个奇怪的现象：在霉花的周围出现了一圈清澈的环状带，也就是说在霉花周围原先黄色的葡萄球菌神秘地失踪了！这激起了弗莱明的

走进科学的殿堂

好奇心，这究竟是什么回事呢？他将培养皿拿到显微镜下观察，证实在霉花附近的葡萄球菌确实已经都死掉了。他马上着手对这种霉菌进行研究，证实它的确具有很强的杀菌能力，即使稀释到1000倍后，仍具有杀菌的能力。在1929年6月弗莱明将他的发现写成论文发表在《实验病理学》杂志上，在文中，他将青霉菌分泌的这种极具杀菌力的物质起名为"盘尼西林"，即"青霉素"。从此，人类医学事业又迎来了新的篇章。而弗莱明因发现青霉素分享了1945年度的诺贝尔生理学医学奖。

也许，此时的你不禁要说，弗莱明有什么了不起的，他不过比别人的运气好而已。事实上如此吗？非也！见到过期培养皿的人绝非弗莱明一个，别人怎么就无动于衷呢？比弗莱明聪明的人很多很多，怎么就被他发现了呢？偶然并不帮助没有做准备的人，如果你自己没有两下子，没有一定的实力和基础，那么即使天上掉下的馅饼送到你手中，你会勇敢地去接吗？

弗莱明是全世界的骄傲！

弗莱明雕像

领域精英

英才沃土

刘半农思想观的进步

刘半农（1891—1934年）原名刘复，江苏江阴人。刘半农出生于知识分子家庭，五四人物中的刘半农是个聪敏人物，既滑稽生动，亦庄亦谐，又是作扎实学问的学者，其认真下苦功夫，五四时期少见。刘半农的一生，永远有故事。他原本没有读过大学，从常州中学毕业后，做过一些杂事，1911年参加辛亥革命。1912年，当时的刘半农二十岁，到上海"作文化人"，参加新剧团，又演又编，发表小说，几乎每一篇都开出一个新名堂。又弄翻译，无所不译，尤多侦探小说。"伴侬"这个寻芳公子式的名字，成为上海滩文学新星。某些早期译著，后来连刘半农自己都否认出自他的手。同年后在上海他以向鸳鸯蝴蝶派报刊

刘半农

走进科学的殿堂

投稿为生。

刘半农曾就读于伦敦大学。1917年，在《新青年》上发表"我之文学改良观"，率先支持文学革命，影响很大。同年，他被蔡元培邀请到北大预科做国文教员，并参与《新青年》杂志的编辑工作。他积极投身文学革命，反对文言文，提倡白话文。此时，刘半农成为新文化运动冲锋陷阵的闯将。1918年3月，他与钱玄同合伙演出"王敬轩双簧案"，给"白话文"运动添了几分戏剧色彩；5月与胡适、周作人发起成立北大"小说研究所"。该月又发起"收集歌谣"，得到蔡元培支持，发文全国，成为郑振铎和钱玄同等人现代"俗文学"研究的先驱者。总之，国内每天有大事做，新文化运动的确也少不了这位台柱。北大没有想到这位中学教员远比大部分大学教授更活跃，于是向教育部申请延期。

可能是蔡元培赏识他，想让他补上正式教育。1918年，北大上报教育部，保送刘半农到英国留学。刘半农在伦敦大学院语言学系就读，进了语音实验室，学习各种实验操作方式，仪器设备。比他稍晚到一些的傅斯年，意气飞扬，贪多务得，想"尽收西学"，刘半农看来从

蔡元培

没有这种野心。没野心的主要是因为刘半农有家有小，在国外生活很不容易。在国内已经有了一个女儿，亲戚无法在刘出国期间抚养他的家小，刘半农决定全家到伦敦。不料在伦敦又生了一对双胞胎，取名育伦、育敦，一个人的奖学金养活五口之家，与在国内时之丰裕，对比太大。刘妻文化水平不高，不懂英语，因此一切外务，包括购物，都要刘半农处理。在伦敦期间，刘的学术活动依然活跃，写诗就情绪泄露无遗。《1921年元旦》这首诗，副题"在大穷大病中"；《稿子》一诗，说是从编辑那里拿回退稿，外面黄昏的街上下着雨，"冷水从帽檐上，往下直浇"，回到家，妻病孩子饿，"最后一寸蜡烛昨天已点完！"1921年5月号《新青年》，刊登刘的近作《伦敦》一诗，副题竟是"一首昏乱的诗！"。把伦敦写成"墨黑的一个雾窟，黑蛾蛾的一簇，钻着，钻着"。在伦敦写的诗，少不了冻、饿、病、穷、看来对伦敦一无好感。但是刘半农有个能力，即叹穷只限于写诗。他在伦敦做的歌词《教我如何不想她》，则成为传唱几十年的情歌。但是，他也是个学习上极其专精，务求甚解的人。实验语音学，本不是他的选择，一旦进入这门枯燥的学问，一样劲头十足。1921年，才留学一年，刘半农已经向蔡元培提出《创设中国语音学实验室的计划书》，1924年出版《四声实验录》，回国后，成为中国实验语音学的创始人，把自南北朝以来历史悠久的中国音韵学推进成现代学科。

此时正是一次大战后不久，德国法国两败俱伤，通货膨胀，货币贬值。而英国经济状况较好，生活水平高，除了陈源、徐志摩这样的富家子弟，都感到拮据。固定的留学金，到德法生活就相对容易些。20世纪20年代初不少留英学生，终于转到巴黎柏林，此为一个重要原因，

走进科学的殿堂

刘半农就在1921年夏天转到巴黎大学。法国"国家博士"答辩是出名的难。记得曾听过钱钟书先生在闲谈中说，法国"汉学大师"伯希和等人，喜欢在博士答辩时以偏题难倒中国考生以炫耀自己的学术，钱对此很反感，因而放弃在法国读博士。无怪乎刘半农答辩，"气氛紧张"，考了七个小时，结束时，刘半农已经精疲力竭，由朋友搀扶出场。这里的生活还是困难。赵元任夫妇曾到巴黎看望，刘半农有点不好意思，说自己家是"化子窝"。赵元任要照相留念，刘半农就叫儿子趴在地上，作乞讨状。此种发噱事，也只有刘半农做得出来。

赵元任

中国的文言中，第三人称代词多用"伊"或"他"字，但其中并没有男女性别区分。在"五四"新文化运动之前，"他"字兼称男性、女性以及一切事物。在此前后一段时间，一些文学作品中，"伊"字被用来专指女性第三人称。例如在著名的杭州"湖畔诗人"的诗集《村的歌集》中有《怅惘》一诗，它的前半是这样写的：

"伊有一串串的话儿，

想挂在伊底眼角传给我。

伊看看青天上的白雁儿，

想倩他衔了伊底心传给我。"

从诗中我们可以看出，其中"伊"字代表女性的她，而"他"在这里还指代着"白雁儿"这个"物"，沿续的还是先前的用法。

但是，20世纪20年代过后，女性的第三人称便渐渐为"她"字替代，表示物的称呼也有了"它"字。这两个字，沿用至今，这个成绩，是由"五四"新文化运动先驱之一的刘半农先生创获的。

刘半农墓

"五四"新文化运动之时，一切旧的观念甚至语言，都受到全面的重新估价，所以当时的许多工作，都具有开创性意义。譬如女性的第三人称吧，虽然先前可以由"他"字表示，但终嫌笼统。在当时，这个问题被对语言问题颇有兴趣的刘半农先生注意到了。在一番思索后，他

走进科学的殿堂

主张造一个"她"字，来承担表示女性第三人称的任务。但当时，这个想法并不成熟，因为该字应如何发音等问题，还没有想清楚，因而只是在朋友中谈了一下。不久，周作人在文章中，就提及了刘半农的这个想法。在1920年左右，因为刘半农先生的想法，这个问题竟引起了人们争议。由人们争议，促使刘半农更深入的思考和探讨了这个问题，并使"她"字真正获得了人们的认可。1920年初，上海《新人》杂志上，刊登了一篇署名寒冰的《这是刘半农的错》的文章。这篇文章，针对刘半农创造的"她"字，认为没有必要。因为第一、第二人称的"我"、"汝"等字，并没有阴阳性可分；再"她"和"他"字，只能在阅读时分别，而读音时并不能区别，所以该字是没有多少意义的。

英国伦敦

该文发表不久，上海《时事新报》的"学灯"栏中，便发表一篇署名孙祖基的《她字的研究》，对刘半农先生的创造表示支持。接着也发表了一篇针对该文的《驳她字的研究》，是先前写文章的作者寒冰所撰。这样一来，"她"字问题便进入人们关注视野。

此时的刘半农先生，已到国外留学。他在英国伦敦时，读到了登在《时事新报》上的两篇文章，这使他不由对此事深思熟虑一番，并写出一篇研究文章《"她"字问题》来。

对这个有关"她"字的问题上，刘半农从两个方面进行了讨论。第一，中国文字中，要不要有一个第三位（人称）阴性代词；第二，假如需要，能不能用这个"她"字。

首先，从翻译和阅读外国文章的角度，提出了创造"她"字的必要。他举出阅读中的一个例子：

"他说，'他来了，诚然很好；不过我们总得要等他。'"

这种语言方式，在外国文章，尤其文学作品中使用很多。但倘若按照"他"字表示一切第三人称的话，就会出现上面的使人摸不清头脑的问题。但是，用一个女性的"她"字，一切便会显豁了：

"她说，'他来了，诚然很好；不过我们总要等她。'"

这样一来，说这句话所牵涉的三个人的角色，基本弄清楚了。这是一个显明的例子。

接下来，刘半农对"她"字应当并可以运用作了分析，指出了此字可用的必要。他概括说："我们因为事实上的需要，又因为这一个符号，形式和'他'字极像，容易辨认，而又有显然的分别，不至于误认，所以尽可以用得。说到这里，刘半农似乎坚定了自己的想法："要

走进科学的殿堂

是这个符号是从前没有的,就算我们造的;要是以前有的,现在却不甚习用,变做废字了,就算我们借的。"

最后,为解决该字只能区别字形而难以区分字音这一点,刘半农也做了一些探讨。他说:"'他'字在普通语区域中,本有两读:一为 Ta 用于口语;一为 Tuo,用于读书。我们不妨定'他'为 T'a,定'她'为了 T'uo;……"当然,这一点刘半农也正在思考,故他希望周作人和孙祖基以及寒冰等关心此问题的人来共同研究。

这里为何又牵及周作人呢?因为周作人大约认为"他、她"两字难以区别读音,故在自己文章中,不用"她"而用"伊"。而刘半农却以为"口语中用'伊'字当第三位代词的,地域很小,难求普通;'伊'字的形式,表显女性,没有'她'字明白;'伊'字偏文言,用于白话中,不甚调匀。"

通过对该"她"的全面探讨后,刘半农还趁便提出一点新的想法:"我现在还觉得第三位代词,除'她'之外,应当再取一

周作人

个'它'字，以代无生物。"

刘半农在英国伦敦将《"她"字问题》写好之后，寄给当时发表过几篇论辩文章的上海《时事新报·学灯》栏。此文写成于1920年6月6日，发表于1920年8月9日；发表之后，又收入《半农杂文》集中，获得了广泛认同。渐渐，"她"字便作为女性第三人称代词出现在文章书籍中，并最终为人们认可并广泛使用。就连刘半农只在文章中提及而未来得及深入解说的"它"字，现在也成为人称之外的其他物名的确定代词而广泛运用。

刘半农先生不仅是创制者，还是一位大胆的实践者。譬如这无生物的名称吧，自己创制了一个"它"字还不够，还对一些格外珍惜的东西，表达出一种近乎对异性的珍重。譬如他在给周作人的一封信中这样写道："说起文学，我真万分的对她不起，她原是我的心肝宝贝！……她竟如被我离弃的很渺远的一个情人一样。"将自己喜爱的文学，用一个女性的"她"来表示，在当时怕是一个很大的突破吧。现在一些文章中，常常用女性的"她"字表达特别珍爱的

鲁　迅

英才沃土

事物，开先河者，也许就是刘半农先生吧！

今天，我们得以很方便地运用"她、它"来表达意义，这其中有刘半农先生的绝大功劳，这是确实的。想想上世纪初二十年代时的环境，新创字，那会引起多大的反响？这一点，过来的人体会最深。刘半农逝世后，鲁迅先生写过《忆刘半农君》的纪念文章，其中专门提及此事：

"他（刘半农）活泼，勇敢，很打了几次大仗。譬如罢……'她'和'它'字的创造，就都是的。现在看起来，自然是琐屑得很，但那是十多年前，单是提倡新式标点，就令有一大群人'若丧考妣'，恨不得'食肉寝皮'的时候，所以的确是'大仗'。"

了解了这些背景，我们不能不对刘半农先生当年大胆又科学的精神表示感佩，这也是我们今天值得纪念和发扬的。1925年秋刘半农回国，任北京大学国文系教授，讲授语音学。1926年出版了诗集《扬鞭集》和《瓦釜集》。刘半农病逝后，鲁迅曾在《青年界》上发表《忆刘半农君》一文表示悼念。

荣誉的至高地——伦敦大学

傅斯年的才华和友人

1917年，留洋出身的胡适到北大哲学系任教。当时北大文科学生中，学问功底最好的是山东来的傅斯年，绰号"孔子后第一人"，被传

傅斯年

英才沃土

137

走进科学的殿堂

统派教授黄侃、刘师培等视为国学后继者。在胡适感召下，傅斯年发起《新潮》杂志，与《新青年》呼应，为新文化作鼓吹，李大钊在北大图书馆为《新潮》专辟了编辑部。"五·四"当日，火烧赵家楼，傅斯年是带头者之一。北大毕业后，傅斯年于1919年冬，从上海启程到英国留学，慨然有尽览西学的壮志。同行的俞平伯，到英国没有一个月，就乡思难忍，洋食难吃，苦不堪言，偷偷溜走。傅斯年为了追回好友，一

柏林大学

直赶到马赛，也没能说服他。与俞平伯正好相反，傅斯年刚到英国，就在北京《晨报》每日连载《英伦游记》、《留学英国最先要知道的事》之类的文章，俨然成为英国留学专家。

荣誉的至高地——伦敦大学

1920年夏天,傅斯年进入伦敦大学心理学系,想师从实验心理学的创始人斯皮尔曼教授读心理学博士。斯皮尔曼却要他从本科一年级读起,傅斯年倒也没有泄气,因为他已经抱定"留学不为学位"的宗旨。

傅斯年在伦敦时,住在泰晤士河南岸的Clapham。墙上挂的是他心目中(其实是"五四"一代中国人心目中)三位英国文化英雄的肖像:肖伯纳、达尔文、密勒。在伦敦时,他曾帮助名作家威尔士写他的《世界史纲》的中国部分,喜看歌剧(因为有志改造"中国旧剧"),喜读小说。现在台湾中央研究院有"傅斯年藏书室",里面西文书门类之多,令人惊奇。如此几年下来,所得甚多,实验心理学这一主课却越学越觉得没意思。这门课是一板一眼的数学化的测试统计,为此,傅斯年还加修了数学与化学课程,结果发现是在把人当作实验动物,与"改造中国人心理"的手段和目标相去甚远。20年后,傅斯年写了一本《性命古训辩证》,讨论中国人心理与概念的关系,但是方法却是国学的文字训诂,与所学的实验心理学完全无关。

1923年秋季,傅斯年决定离开伦敦大学,转到柏林大学。在英国留学三年,专攻一门使他失望。到德国后,他干脆又从人文学院本科一年级读起,不定专业。他参加过东方学家兰克的西藏学课,而且依然旁听物理、概率论数学,还到爱因斯坦的研究生讲习班听相对论。

当时聚集在柏林大学的有一大批中国朋友,包括陈寅恪、俞大维、毛子水等,加上徐志摩、赵元任、金岳霖先后来访,均为一时之选。这批中国学生,都以欧洲启蒙大师莱布尼茨的通才为治学榜样,同时学多门,形成了一个"中国百科全书派"。傅斯年之求博,甚至在这批人中,也成为奇谈。有一次吃饭,傅斯年书包奇重,原来是装着三大卷

走进科学的殿堂

《地质学》。连主攻地理、兼学希腊罗马古典的毛子水，都说他如此读书，将"劳而无功"。

1926年，胡适到欧洲，傅斯年作为胡门第一弟子，赶到巴黎见面。二人长谈后，胡适非常失望，觉得傅斯年在欧洲六年，"漫无纪律"，远不如留在国内的顾颉刚用功而有所成。这位当年来听课时能使胡适提心吊胆的学生，"整体治西学"六年后，竟然会因为"不用功"而受老师训斥，也是奇事。

傅斯年回国后，在中山大学、北京大学、中央博物馆、中央研究院

中山大学

任主任、所长、校长、院长。他于1928年在广州筹建并主持了中央研究院"历史语言研究所"，支持了对安阳殷废墟的重要发掘，功不可

没，至今为人称道。1950年，傅斯年中风去世于台湾大学校长任上。他一直当学术领导，又以学者身份参政，留欧得来的博学广知，正得以用所长。但是"学而广则仕"并非傅斯年当年求学之初衷，碰巧而已。

康白情是傅斯年的友人。1927年任中山大学文学院主任时，鲁迅任教务主任，二人来往甚多。据鲁迅在私人通信中记载，傅斯年"近来颇骂胡适……胡对他先有不敬之言，谓傅所学名目甚多，而一无所成。"

1922年，胡适第一次去看深宫中的溥仪，看见这位下台小皇帝竟然在读康白情的诗，大为感动，就多方鼓励。后来溥仪也写了几首新诗，学的康白情风格，可见当时康白情的影响。

康白情可以说是第一位北大诗人，五四时代第一青年诗人。同时，他也是一个社会活动家，发表了一些政论文章，意气风发，有文采有胆识。在北大做学生时，康白情的傲慢已有名。每次上课，照例姗姗来迟。他上马叙伦的"老庄哲学"课，没有一次不迟到。一日。马叙伦讲得正兴起时，康白情又推门而入。马叙伦责问康白情何故来迟。诗人答："住得太远。"马先生生气地说："你不是住在翠花胡同吗？只隔了一条马路，三五分钟就可走到，何谓远！"诗人马上说："先

张国焘

走进科学的殿堂

生不是在讲庄子吗？庄子说：'彼亦一是非，此亦一是非。'先生不以为远，而我以为远。"气得马先生无话可说，只好宣布下课。

1917年北大首创由学生主持"教授会"，四个学生领袖——傅斯年、罗家伦、张国焘和康白情，分别担任四个学院的"主任"。1918年《新潮》创刊，康白情任干事。《新潮》成为全国风起云涌的学生刊物之首，康白情又是"少年中国学会"的中坚分子。1919年5月3日夜，在北大学生千人大会决定第二天游行示威之后，校长蔡元培急召五个学生领袖开会作筹划，这紧要关头的"五大领袖"是傅斯年、罗家伦、许德珩、段锡朋、康白情。五四事件得到全国响应之后，康白情率领北京学生代表团赴沪，当选为全国学生联合会主席。

1920年，五四青年中的佼佼者纷纷出国，而康白情的出国，更不同凡响，是蔡元培向南洋烟草公司募来的款，亲自选出这届北大毕业生中几个最堪造就的人才，赴美留学。康白情与段锡朋、罗家伦等人的出国一事，被报刊比为晚清朝廷派出考察宪政的"五大臣出洋"。

康白情入柏克利加州大学，选修"近年社会改造学说"。从康白情相当辉煌的大学时期来看，他可以在文学和社会活动两条路中做一选择，因为二者他都做得有声有色。但是，中国现代文化界及政治界二者都处于起步阶段，这固然为有才干有雄心者创造了脱颖而出的机会，也给某些实际上毫无经验的青年制造了不必读书，不必找指导，就可以包打天下的假相。

康白情了解的是中国国内政治，因此不断与在美的"少年中国"积极分子，如张闻天、袁同礼、方东美等人保持联系，讨论政治。他经过日本与日本共产党联络，到美国又与美国共产党联络，最后却在旧金

英才沃土

142

荣誉的至高地——伦敦大学

山另找到一种政治势力。旧金山洪门帮会之盛，使他以为找到了实现政治抱负的机会。他的家乡四川安岳是袍哥势力中心之一，他11岁即"参加"帮会。到加州后又加入旧金山洪门致公堂，1923年7月拉上加州大学几个中国同学入伙，发起了一个新的政党"新中国党"。此时康才二十八岁，竟然自己出任"党魁"，并立即在西方各地唐人街发展组织，在上海、北京等地设党部，并四处拉各国留学生，如刚到法国的李人等加入。这个以帮会为基础的"政党"一时气势大盛，康白情以领袖身份回国"指导"，把加州大学四年学业抛到九霄云外。但是此"政党"是以华侨社团为基础，康白情一回国，就土崩瓦解了。

康白情过于发达的领袖欲，使他失去昔日老师辈人物蔡元培、曾琦、李大钊等的好感。他既无法回美国继续学业，又无法投效北伐，只能回到四川老家，成为军阀刘湘的幕僚。20世纪40年代末，他到广州华南师范大学中文系任教。1958年成为右派分子，退职返乡。船行途中，未进三峡即病死于湖北巴东。

傅斯年则与康白情不同，他在伦敦大学就脚踏实地的学习，回国后，又积极投身于"西学中用"中，为国家的建设和发展作出了贡献。

李大钊

英才沃土

走进科学的殿堂

然而，傅斯年身上也上演过一幕悲剧。这位学者，一位至真至纯的学者，无奈中被挤入政坛，成为蒋介石的御用文人。他不甘心写那些陈词滥调来粉饰太平，面对着黑色统治，愤懑之情出于笔端而行成于文字，一片片批评时政的文章写出来了。他"轰"走了孔祥熙，却"轰"不走宋子文，时人对他的行为坐壁上观，有的甚至嘲笑，他无奈，用自己肥胖的身躯自嘲："我以体积乘速度，产生一种伟大的力量，这力量可以压倒一切？"这是他对自己空负才华和体重的自我嘲笑。悲哉！

荣誉的至高地——伦敦大学

文艺界的人民艺术家——老舍

老舍（1899—1966年），现代著名作家，原名舒庆春，字舍予。满族，北京人（正红旗）。中国现代著名作家，杰出的语言大师、人民艺术家。老舍的作品很多，代表作有《骆驼祥子》、《四世同堂》（小说）《茶馆》、《龙须沟》（话剧）等。北京市政府授予他"人民艺术家"的称号。老舍的一生，总是忘我地工作，他是文艺界当之无愧的"劳动模范"。

老舍的父亲是一名满族的护军，阵亡在八国联军攻打北京城的巷战中。襁褓之中的老舍，家曾遭八国联军的意大利军人劫掠，还是婴儿的老舍因为一个倒扣在身上的箱子幸免于难。老舍九岁得人资助始入私塾。1913年，老舍考入京师第三中学（现北京三中），数月后因经济困难

老舍

英才沃土

走进科学的殿堂

退学,同年考取公费的北京师范学校,于 1918 年毕业。1922 年 9 月,老舍辞去所有职务,到以开明新派著称的天津南开学校中学部任国文教员,在那里写下了第一篇新文学习作《小铃儿》。在这以前,还坚决退掉母亲包办的婚约。次年回到北京,任顾孟余主持的北京教育会的文书,同时在第一中学兼课,业余时间到燕京大学旁听英文。

英才沃土

燕京大学

老舍曾任小学校长(北京东城区方家胡同路小学)、中学教员、大学教授(北京大学、山东大学)。老舍就任小学校长的第二年,就爆发了五四运动。老舍还一度还信仰过基督教,虽然道路不无曲折,但"五四"推动他进一步挣脱了封建的、世俗的羁绊,去寻求一种比他已经得

到的更有意义的生活。他自称只是"看见了五四运动,而没在这个运动里面,……对于这个大运动是个旁观者"(《我怎样写〈赵子曰〉》)。这确实使他在一段时期里,对于青年学生及其活动,有些隔膜和误解。但"五四"时期兴起的新的时代潮流,包括文学革命在内,仍然冲击着他的心灵。本来,军阀政府基层机构的腐败,混迹其间的卫道者们的虚伪,在这个刚刚来自社会底层的年轻人的眼中,无处不是破绽和丑态,难以与他们安然相处。当"五四"民主科学、个性解放的呼声,把他从"兢兢业业地办小学,恭恭顺顺地侍奉老母,规规矩矩地结婚生子,如是而已"的人生信条中惊醒,他作出了新的抉择。

山东大学

走进科学的殿堂

英才沃土

　　1924年，老舍去英国，任伦敦大学东方学院的汉语讲师。为了提高英文水平，他阅读了大量英文作品。生活和书本都向他打开一个比原先见到的更为宽广多彩的世界，阅读作品进一步激发了他的文学兴趣。客居异国的寂寞和日益浓烈的乡思，又需要寄托和发泄。几种因素交织在一起，促使他把见到过的人和事用文艺的形式写下来。他在教学之余，读了大量外国文学作品，并正式开始创作生涯。1926年，他发表了第一部长篇小说《老张的哲学》，取材于当年在教育界任职时的见闻。这篇小说在《小说月报》17卷第7号上连载时，他署名为"舒庆春"。但自第8号起连载上的署名他改为了"老舍"，直到这部小说全部载完，这标志着老舍文学创作道路的开端。接着，又发表了《赵子曰》（1926年）、《二马》（1929年），从而奠定了他在现代文学史上的地位。《老张的哲学》、《赵子曰》和《二马》是三部描写市民生活的讽刺长篇小说。《老张的哲学》对乌烟瘴气的教育界做了生动的揭露；《赵子曰》的鞭挞锋芒指向以新派自诩其实醉生梦死的青年学

老 舍

生；《二马》的主人公是旅居英国的北京人，讽刺的仍是在封建的小生产的社会土壤里培植出来的"出窝儿老"的畸形心态。这三部作品以

荣誉的至高地——伦敦大学

轻松酣畅的文笔，清脆的北京口语，俏皮的幽默笔墨，都以渲染北京的民俗风情，通过闭塞守旧、苟且偷安的民族心理的剖析，申述对于祖国命运的忧虑，显示出与众不同的艺术个性和思想视角。这三部作品陆续在《小说月报》上连载后，立即引起文坛的注目。

1926年，老舍加入文学研究会。他终于在文学事业中找到了值得为之献身的工作和充实的生活。老舍旅居英国5年，1929年夏取道法、德、意等国回国。途中因为筹措旅费，在新加坡的一所华侨中学任教半年。在英国时，他为国内的北伐战争的进军感到兴奋。到了新加坡，从

新加坡风光

青年学生的革命热情中感受到了民族解放运动的高潮。他因此中断了一部描写男女青年爱情的小说的写作，另写了反映被压迫民族觉醒的中篇

童话《小坡的生日》）（1930年）。这是一部儿童文学作品，描写了生活在新加坡的华侨少年与各被压迫民族的小伙伴一起，反对强权奴役的故事，体现了团结奋斗、强国救民的思想境界。

　　1930年3月，老舍回到祖国。同年7月，他到济南齐鲁大学任教。翌年夏，与后来成为国画家的胡青结婚。此间，他看到第一次国内革命战争失败后日本帝国主义的肆意侵略和国民党反动派的卖国行径，创作了长篇小说《大明湖》，为济南人民以及所有蒙受侵略之苦的祖国人民抒发愤慨。在这部小说里，他第一次描写了共产党人的形象。1934年，他改任青岛山东大学教授。他在这两所大学，先后开设过《文学概论》、《欧洲文艺思潮》、《外国文学史》以及写作方面的

1940年的齐鲁大学

课程，课余继续长篇小说的创作。此后四年，他先后创作了长篇小说《猫城记》、《离婚》、《牛天赐传》，还出版了包括《黑白李》、《微神》等15部短篇小说在内的短篇小说集《赶集》以及幽默诗文集

《老舍幽默诗文集》。

《猫城记》（1932年）以寓言的形式揭露旧中国的腐败，针砭保守愚昧的民族习性和畏惧洋人的奴才心理，同时流露出对于国事的悲观和对于革命的误解，是一部瑕瑜互见、颇多争议的作品。《离婚》（1933年）描写一群公务员的庸碌生活，对此作了嘲弄和揶揄，充分表现出他作为北京市民社会的表现者和批判者、作为幽默作家的特点，是一部很能代表老舍风格的作品。《牛天赐传》（1934年）和中篇小说《月牙儿》（1935年）、《我这一辈子》（1937年），都从街头巷尾摄下市井细民的生活场景。前者是对于世俗生活和市民心理的嘲讽，充满笑料；后两者是对于人间不平的抨击，饱含着愤懑和哀悼，作品的笔调也随之变得沉重。

1936年老舍从青岛山东大学辞职，从事专业写作。在青岛工作和生活的这段时期，是他一生中创作的旺盛期之一。他先后编了两个短篇集《樱海集》、《蛤藻集》，收入中短篇小说17篇。创作了《选民》（后改题为《文博士》）、《我这一辈子》、《老牛破车》和中国现代文学史上的长篇杰作《骆驼祥子》。《骆驼祥子》是以北平一个人力车夫祥子的行踪为

小说《月牙儿》

走进科学的殿堂

线索，向人们展示军阀混战、黑暗统治下的北京底层贫苦市民生活于痛苦深渊中的图景。从祥子力图通过个人奋斗摆脱悲惨生活命运，最后失败以至于坠落的故事，告诫人们，城市贫农要翻身做主人，单靠个人奋斗是不行的。

抗日战争胜利后，1946年3月，应美国国务院邀请，老舍赴美讲学。一年期满后，继续旅居美国，写完《四世同堂》，创作了另一部长篇《鼓书艺人》，还协助别人将这两部小说译成英文。《鼓书艺人》叙述的是抗战风暴中旧式艺人追求新生活的故事，出现了革命者的真实形

《骆驼祥子》剧照

象，呼唤新中国的到来。1949年10月1日，中华人民共和国成立。13日，老舍即启程回国，途经日本、菲律宾等地，于12月9日抵达天津。

荣誉的至高地——伦敦大学

"离开华北已是十四年，忽然看到冰雪，与河岸上的黄土地，我的泪就不能不在眼中转了"（《从三藩市到天津》）。这个出生于北京、一向以描绘北京著称的作家，从1924年离家以后，一直到这时，才在自己热爱的故乡重新定居下来。

老舍的一生，总是在忘我地工作，他是文艺界当之无愧的"劳动模范"。他自己说："我终年是在拼命地写，发表也好，不发表也好，我要天天摸一摸笔。"正因为如此，他勤奋笔耕，创作了《骆驼祥子》、《四世同堂》、《茶馆》、《二马》、《龙须沟》等大量文学作品，创作的短篇小说《月牙儿》、《断魂枪》赢得了"人民艺术家"的崇高赞誉，受到人们的喜爱。其中，多个作品被编入小学课本，如《我们家的猫》、《北京的春节》等等。"舍予"、"老舍"就是他一生忘我精神的真实写照。老舍一生主要作品有《猫城记》、《老张的哲学》、《骆驼祥

《四世同堂》宣传海报

老 舍

英才沃土

153

走进科学的殿堂

子》、《四世同堂》及未完成的《正红旗下》，话剧《龙须沟》、《茶馆》等，还有很多著名的文章，如《济南的冬天》等被选入小学中学的课文中。

1966年，老舍被"四人帮"迫害致死。1978年6月3日，有关单位在北京八宝山革命烈士公墓为老舍举行了隆重的骨灰安放仪式。

英才沃土

"光纤之父"——高锟

高锟，华裔物理学家，生于中国上海，祖籍江苏金山（今上海市金山区），拥有英国、美国国籍并持中国香港居民身份，目前在香港和美国加州山景城两地居住。高锟为光纤通讯、电机工程专家，华文媒体誉之为"光纤之父"、普世誉之为"光纤通讯之父"，曾任香港中文大学校长。2009年，高锟与威拉德·博伊尔和乔治·埃尔伍德·史密斯共享诺贝尔物理学奖。

高锟1933年11月4日出生在上海金山，住在法租界。父亲是律师，弟弟高铻。祖父高吹万是晚清著名诗人，革命家，南社的重要成员。入学前，父亲聘老

高锟

师回家，教导高锟和高铻读四书五经。10岁，高锟就读上海世界学校

走进科学的殿堂

英才沃土

（今日的国际学校），在上海完成小学与初中一年级课程。除了读中文之外，也读英文和法文，学校聘请留法的学者回来教授，高锟开始接触中国之外的人事文化。高锟小时候住在一栋三层楼的房子里，三楼就成了他童年的实验室。童年的高锟对化学十分感兴趣，曾经自制灭火筒、焰火、烟花和晒相纸尝试自制炸弹。最危险的一次是用红磷粉混合氯酸钾，加上水并调成糊状，再掺入湿泥内，搓成一颗颗弹丸。待风干之后扔下街头，果然发生爆炸，幸好没有伤及途人。后来他又迷上无线电，很小便成功地装了一部有五六个真空管的收音机。

高 锟

1948年高锟全家移居台湾，1949年，又移民香港，他进入圣若瑟书院就读。中学毕业后，他考入香港大学。但由于当时港大没有电机工程系，他远赴英国东伦敦伍尔维奇理工学院（现英国格林威治大学）就读。1957年，他从伍尔维奇理工学院电子工程专业毕业。1965年，在伦敦大学下属的伦敦大学学院获得电机工程博士学位。

1957年，高锟读博士时进入国际电话电报公司（ITT），在其英国子公司——标准电话与电缆有限公司任工程师。1960年，他进入ITT设于英国的欧洲中央研究机构——标准电信实验有限公司，在那里工作了

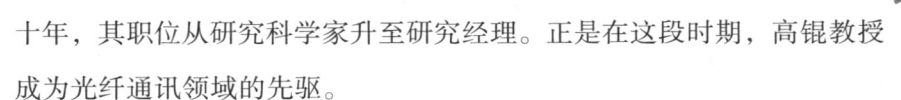

十年，其职位从研究科学家升至研究经理。正是在这段时期，高锟教授成为光纤通讯领域的先驱。

香港大学一景

从1957年开始，高锟即从事光导纤维在通讯领域运用的研究。1964年，他提出在电话网络中以光代替电流，以玻璃纤维代替导线。1965年，在以无数实验为基础的一篇论文中提出以石英基玻璃纤维作长程信息传递，将带来一场通讯业的革命，并提出当玻璃纤维损耗率下降到20分贝/公里时，光纤维通讯就会成功。

1966年，高锟在标准电话实验室与何克汉共同提出光纤可以用作通信媒介。1966年，高锟发表了一篇题为《光频率介质纤维表面波导》的论文，开创性地提出光导纤维在通信上应用的基本原理，描述了长程及高信息量光通信所需绝缘性纤维的结构和材料特性。简单地说，只要解决好玻璃纯度和成分等问题，就能够利用玻璃制作光学纤维，从而高效传输信息。这一设想提出之后，有人称之为匪夷所思，也有人对此大加褒扬。但在争论中，高锟的设想逐步变成现实：利用石英玻璃制成的光纤应用越来越广泛，全世界掀起了一场光纤通信的革命。随着第一个光纤系统于1981年成功问世，高锟"光纤之父"美誉传遍世界。

光 纤

高锟在电磁波导、陶瓷科学（包括光纤制造）方面获28项专利。由于他取得的成果，有超过10亿公里的光缆以闪电般的速度通过宽带互联网，为全球各地的办事处和家居提供数据。由于他在光纤领域的特殊贡献，获得巴伦坦奖章、利布曼奖、光电子学奖等，被称为"光纤之父"。

荣誉的至高地——伦敦大学

高锟还开发了实现光纤通讯所需的辅助性子系统。他在单模纤维的构造、纤维的强度和耐久性、纤维连接器和耦合器以及扩散均衡特性等多个领域都作了大量的研究，而这些研究成果都是使信号在无放大的条件下，以每秒亿兆位元传送至距离以万米为单位的成功关键。举世公认高锟是提出用纤维材料传达光束讯号，以建置通信的第一人。高氏仍在英国求学的1960年，大家已经知道讯息是可以用数字或模拟的方式传送。当时已有人研究，透过气体或玻璃传送光，期望可达到高速的传送效率，但无法克服讯号会严重衰减的问题。1965年，高氏对各种非导体纤维进行仔细的实验。按他分析，当光学讯号衰减率能低于每公里20分贝时，光束通信便可行。他更

高锟

进一步分析了吸收、散射、弯曲等因素，推论被包覆的石英基玻璃有可能满足衰减需求达到波导。这项关键研究结果，推动全球各地连串运用玻璃纤维波导来通讯的研发工作。

1970—1974年，高锟教授在香港中文大学担任电子学系教授及讲座教授，1974年又返回ITT工作。当时，光纤领域进入前生产阶段。他在位于美国弗吉尼亚州劳诺克的光电产品部担任主任科学家，后擢升为工程主任。1982年，他因卓越的研究与管理才能而被ITT公司任命为首

走进科学的殿堂

位"ITT 执行科学家",主要在康尼迪克州的先进技术中心工作,1985年则在德国的 SEL 研究中心工作。与此同时,他也担任耶鲁大学特朗布尔学院兼职教授及研究员。1986 年,他被任命为合作研究主任,也在标准电话电缆下属的标准电信实验室作研究。1987 年 10 月,高锟从英国回到香港,并出任香港中文大学第三任校长。从 1987 年到 1996 年任职期间,他为中文大学罗致了大批人才,使中大的学术结构和知识结构更加合理。在与内地科技界的交流合作中,他主张"一步一步把双方的联系实际化"。

耶鲁大学

高锟于 1996 年当选为中国科学院外籍院士。由于他的杰出贡献,

荣誉的至高地——伦敦大学

1996年，中国科学院紫金山天文台将一颗于1981年12月3日发现的国际编号为"3463"的小行星命名为"高锟星"。此外，他担任香港高科桥集团有限公司主席兼行政总裁，并致力于开发电信与信息。

  2009年10月6日，瑞典皇家科学院向高锟颁授诺贝尔物理学奖。12月8日，高锟的演说《古沙递捷音》由夫人和中大4名教授按照《潮平岸阔》内容代笔，夫人代为发表。12月10日，高锟在诺贝尔典礼上获特别安排，免除走到台中领奖、鞠躬三次的礼仪，瑞典国王卡尔十六世·古斯塔夫破例走到他面前颁奖。高锟是继李政道、杨振宁、丁肇中、李远哲、朱棣文、崔琦及钱永健之后，第八位获得诺贝尔科学奖的华裔科学家。

丁肇中

英才沃土

161

走进科学的殿堂

英才沃土

社会活动家费孝通

费孝通（1910—2005年），汉族，江苏吴江人，是著名社会学家、

苏州大学风光

人类学家、民族学家、社会活动家，中国社会学和人类学的奠基人之

荣誉的至高地——伦敦大学

一。他也是第七、第八届全国人民代表大会常务委员会副委员长，中国人民政治协商会议第六届全国委员会副主席。

费孝通4岁进入母亲创办的蒙养院，开始接受正规教育。1928年入东吴大学（现苏州大学），读完两年医学预科，因受当时革命思想影响，决定不再学医，而学社会科学。1930年到北平入燕京大学社会学系，1933年毕业后，考入清华大学社会学及人类学系研究生，1935年通过毕业考试，并取得公费留学。在出国前，费孝通偕同新婚妻子王同惠前往广西大瑶山进行调查，在调查时迷路，误踏虎阱，腰腿受伤，王同惠出外寻求支援，因失足而不幸溺水身亡。伤愈后，费孝通回家乡农村休养时，进行了一次社会调查。

费孝通

1936年夏，费孝通去英国留学，1938年获伦敦大学研究院哲学博士学位。论文的中文名《江村经济》，此书流传颇广，曾被国外许多大学的社会人类学系列为学生必读参考书之一。1938年回国后费孝通继续在内地农村开展社会调查、研究农村、工厂、少数民族地区的各种不同类型的社区，出版了调查报告《禄村农田》。1944年费孝通访美国归来后不久，参加中国民主同盟，投身爱国民主运动，曾任清华大学教

走进科学的殿堂

授,著作有《生育制度》、《乡土中国》及译文《文化论》、《人文类型》、《工业文明的社会问题》等。1955年到贵州进行民族识别,参加少数民族社会历史调查。曾任国务院国家民族事务委员会副主任、中国社会科学院社会学研究所所长、中国社会学学会会长、中国民主同盟中央第六届中央主席、第六届全国政协副主席,中央民族大学的前身中央民族学院的副院长、中央民族学院教授,北京大学教授。

1980年春,费孝通获国际应用人类学会马林诺斯基名誉奖,1981年春获英国皇家人类学会奖章,1982年被选为英国伦敦大学政治经济学院荣誉院士,1988年费孝通当选为第七届全国人大副委员长,同年费孝通获《大英百科全书》奖。曾在加拿大作《中国的现代化和少数民族》演讲。1992年费孝通发表《行行重行行——乡镇发展论述》,收入自己19世纪80年代以来考察沿海乡镇企业的主要研究报告,就我国乡镇企业的发

费孝通

费孝通

展及其在改革和国民经济中的位置提出了精辟的见解。1998年中国非国有经济年鉴创刊，费孝通任名誉主编，对国家国民经济重要组成非国有做出了重要贡献。

1999年至2004年，费孝通相继出版的《费孝通文集》（16卷本），收集了他从早年至2004年间绝大部分著述，这是他一生重要学术成就的集纳，也是我国社会科学的一项丰硕成果。此外，他还先后获得英国伦敦经济政治学院授予的荣誉院士、澳门东亚大学社会科学博士、香港大学文学博士等荣誉。2005年4月24日，费孝通在北京逝世，享年95岁。

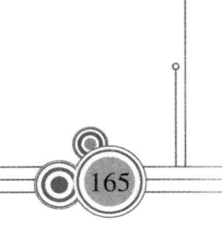

走进科学的殿堂

新加坡国父——李光耀

李光耀(1923—),新加坡华人,为新加坡前任总理、曾任国务

李光耀

荣誉的至高地——伦敦大学

资政以及内阁资政,被誉为"新加坡国父"。李光耀不仅是新加坡的开国元老之一,也是现今新加坡政坛极具影响力的人物之一。2011年5月14日,李光耀宣布退出新加坡内阁,标志一个时代的终结。

李光耀祖籍广东省梅州市大埔县,汉族客家人。自幼就接受英式教育,12岁(1935年)时考入当地顶尖的英校莱佛士书院(初中部),18岁(1940年)时考入原校的高中部,但在日军占领新加坡后中断学业。战争结束后,李光耀荣获大英帝国女王奖学金,并开始赴英国留

李光耀

学。在留学英国初期,李光耀就读于伦敦大学经济学院,在经济学院学习三个月后,李光耀转到剑桥大学攻读法律,并于1949年毕业,获得

走进科学的殿堂

"双重第一荣誉学位",1950年6月在伦敦获得执业律师资格。1950年9月,李光耀与以前在莱佛士书院的同学柯玉芝结婚。同年,还在英国的李光耀加入了一个由旅居当地的东南亚人所组成的,以争取马来亚独立为目标的团体"马来亚论坛"。同年8月,李光耀回到新加坡,开始从事律师工作。1952年,李光耀因为代表"新加坡罢工的邮差"与政府谈判而声名大噪,在工会中建立了群众基础,从而为其将来的从政之路奠定了基石。

1954年10月,李光耀与一些从英国回来的华人、当地受华文教育的左派学生和工会领袖成立人民行动党,参加次年举行的首届选举。这次选举中,李光耀本人顺利当选立法议院议员,开始与新加坡方面的马

马来西亚风光

荣誉的至高地——伦敦大学

来西亚共产党（"马共"）负责人林清祥等合作，为新加坡争取自治地位。1959年6月3日，新加坡自治邦成立，而人民行动党也在自治邦政府的首次选举中成为立法议院第一大党，由李光耀出任自治邦政府总理。此后，李光耀一直希望与马来亚合并成立"马来西亚"，从而为新加坡经济发展提供保障。1963年7月，李光耀在伦敦与马来亚东姑阿都拉曼（东姑拉曼）政府达成协议，"星马"正式合并。

"星马"合并后，马来西亚联邦政府与新加坡自治邦政府在经济等多项政策上很快就产生严重的分歧。1964年，新加坡发生种族骚乱，

新加坡风光

李光耀政府借此指责马来西亚首相东姑阿都拉曼与联邦政府试图推行"种族沙文主义"，企图使马来人在联邦内享有特殊的高等待遇，并在

英才沃土

169

走进科学的殿堂

幕后煽动在新加坡的马来人反对新加坡自治邦政府。而联邦政府高层则对此十分反感，也因随后双方多次协商未果，导致新加坡最终在1965年被驱逐出马来西亚联邦，并于8月9日被迫宣布独立。新加坡独立后，李光耀积极推动经济改革与发展，在其任内推动了开发裕廊工业园区、创立公积金制度、成立廉政公署、进行教育改革等多项政策，成功使新加坡在30年内发展成为亚洲最富裕繁荣的国家之一。今天的新加坡政府以高效率、廉洁而闻名，人民生活水平较其他亚洲国家高出许多。

英才沃土

李光耀

1990年，李光耀辞去总理职务，但是留任内阁资政至今。他始终提倡"亚洲价值观"，认为亚洲国家不需要完全依照西方的价值观行事。李光耀因此也一直对西方国家对他专制的批评不加理会，认为西方民主不能强加给亚洲人民。作为新加坡的总理，在这个头衔之下，李

荣誉的至高地——伦敦大学

光耀不仅发起了反对随地吐痰、嚼口香糖、喂养鸽子的运动，还禁止乱扔垃圾、在公共场所吸烟和说粗话脏话，并制定了严格的法律。他还强烈推广了几项他最为倡导的行为：微笑、礼貌待人以及在公共厕所主动冲水。正是由于他在指导公众行为方面所做的指令性研究，李光耀获得了1994年的搞笑诺贝尔奖心理学奖。

由于李光耀祖辈均为客家人，故其本人亦被视作为客家族裔的杰出代表之一。鉴于其对世界客家事务的影响和贡献，李光耀被特别聘请为新加坡最大的客属团体（组织）——新加坡茶阳（大埔）会馆的永远荣誉主席一职。2000年12月7日，香港中文大学为新加坡内

李光耀

阁资政李光耀颁发了荣誉博士学位，颁授学位仪式由香港中文大学校长李国章主持。中大在对李光耀的赞辞中，形容李光耀是近百年内最

走进科学的殿堂

杰出的政治家之一。并形容他"以廉反贪"、"以法去乱"、"注重和平而避免冲突"、"协调种族而拘除仇视"、"带领新加坡走向富强之路"等。2005年5月17日,复旦大学授予82岁的李光耀名誉博士的学位。

英才沃土